삶으로 쓰는
요한복음 이야기

삶으로 쓰는
요한복음 이야기

양금선 지음

그(예수) 안에 생명이 있었습니다.
"세상의 빛 예수 그리스도!"

좋은땅

머리말

서현아, 오늘부터 요한복음으로 큐티(말씀묵상)를 시작해 볼래? 그동안 여름방학부터 시작한다고 약속해 놓고, 준비가 미흡하여 시작을 못하고 있었어. 아직도 미흡한 것 같지만 서현이가 교회도 못 나가고, 말씀에 목마를 것을 생각하며 부족한 대로 시작해 볼까 해! 서현이는 편하게 내가 보내 주는 내용을 읽기만 해 주어도 되니까 부담은 전혀 갖지말고, 카톡 볼 때마다 읽어 주기를 바라. 매일 서현이 위해 기도하고 있어. 코로나가 좀 잠잠해지면 반갑게 만나게 되기를 바라. 서현이 공부열심히 하고, 평안하기를……(2020년 9월 15일)

서현이는 내가 공립 중학교 국어 교사로 퇴직하기 전에 마지막 학교에서 만난 학생이다. 중학교 1학년 국어 수업시간에 처음 만난 서현이가 여고생이 되던 그해 우린 요한복음 이야기로 매일 다시 만나는 사이가 되었다. 올해 간호학과 2학년 대학생이 된 서현이와 나는 아직도 매일 성경으로 큐티를 나누고 있다.

각자의 바쁜 삶으로 인해 자주 만나지는 못해도 서현이 생일이나 방학때 1년에 몇 차례는 직접 만나게 된다. 그동안 못 나눈 삶의 이야기들을 얼굴을 서로 마주하며 나눌 때면 지금도 어제 만난 사이처럼 친근함으로 다가오는 건 아마도 우리가 매일 말씀 안에서 함께 있기 때문이 아닐까 생각해 본다.

삶으로 쓰는 요한복음 이야기

학교를 떠나고 나서 나와 서현이를 다시 끈끈하게 맺어 준 이 요한복음 이야기를 책으로 만들어야겠다는 꿈을 꾸게 된 계기가 얼마 전 있었다. 그 경험은 일상에서 만나게 되는 사소하고 평범한 인연으로 누군가에게 전하는 복음이 그 사람의 운명을 바꾸는 기적으로 다가올 수도 있다는 믿음을 심어 주었다.

그것은 "누구든지 주님의 이름을 부르는 자는 구원을 얻을 것"이기 때문입니다. 그러면 그들이 믿지 않는 분을 어떻게 부를 수 있겠습니까? 또 그들이 들은 적이 없는 분을 어떻게 믿을 수 있겠습니까? 그들에게 선포해 주는 사람이 없는데 어떻게 그들이 들을 수 있겠습니까? 그들이 보냄을 받지 않았다면 어떻게 선포할 수 있겠습니까? "좋은 소식을 전하는 사람들의 발이 얼마나 아름다운가?"라고 기록된 말씀처럼 말입니다.(로마서 10장 13-15절, 쉬운성경)

누군가에게 복음을 전하는 사람이 있어야 그가 주님의 이름을 부르며 구원을 얻게 된다는 바울의 말씀은 그 경험과 함께 요한복음 이야기가 책으로 나오게 한 큰 힘이 되었다. 무엇보다도 모바일상에서 사적으로 나누었던 메시지가 올해 한 권의 책으로 태어나는 동안 그사이에 건강한 아기를 낳아 잘 키우고 있는 나의 딸과 이 기쁨을 함께 나누고 싶다. 손자 윤이와 딸 혜승은 내게 예수 그리스도 안에 영원한 생명이 있음을 생생하게 전해 준 산증인들이다. 끝으로 전문가적 안목으로 아낌없는 조언을 해 준 선주 전도사에게도 고마움을 전한다.

차례

3. 생명의 주이신 예수님(5:1-12:50)

Ⅳ 부활의 주님, 제자들에게 나타나시다
(요한복음 21:1-25)

요한복음

◆ 저자

저자는 예수님께서 사랑하시던 제자로 불리던 사도 요한이다.

◆ 저작 연대

AD 80-90년경

◆ 주요 인물

예수님, 세례 요한, 베드로, 안드레, 요한, 빌립 등 예수님의 제자들, 니고데모, 나사로, 마리아, 빌라도

◆ 기록 목적과 대상

이 책을 읽는 사람들이 예수님께서 하나님의 아들 그리스도이심을 믿게 하고, 예수님의 이름을 믿음으로써 그 이름을 힘입어 생명을 얻게 하기 위해서 기록했다.

I

서언: 말씀이 육신이 되시다

(요한복음 1:1-18)

태초에 말씀이 계셨습니다

• 요한복음 1:1-3

태초에 말씀이 계셨습니다. 그 말씀은 하나님과 함께 계셨는데, 그 말씀은 곧 하나님이셨습니다. 그분은 세상이 창조되기도 전에 하나님과 함께 계셨습니다. 모든 것이 그분을 통하여 지음을 받았습니다. 지음을 받은 것 중에서 어느 것 하나도 그분 없이 지어진 것이 없습니다.

올바른 믿음을 가지려면 예수님이 누구신지를 분명하게 알아야 합니다. '요한복음'은 예수님이 누구신지, 나에게 어떤 존재이신지를 잘 가르쳐 주고 있는 책입니다. "태초에 '말씀'이 계셨습니다."

'말씀'은 '로고스(Logos)'라는 헬라어[1] 단어로 '만물을 다스리는 우주의 근원인 진리'를 뜻합니다. '로고스'이신 예수님은 태초부터 하나님과 함께 계셨습니다. "태초에 하나님께서 하늘과 땅을 창조하셨습니다."(창세기[2] 1:1) 예수님은 세상이 창조되기 전부터 하나님과 함께 계셨고, 만물을 창조하셨습니다. 모든 만물이 예수님을 통하여 지음을 받았습니다.

---

1) 헬라어: 신약성서를 쓴 언어로 고대 그리스어를 가리킨다. 희랍어.
2) 창세기(Genesis): 구약 성경에 처음 나오는 책으로 우주 만물의 시작, 세상, 인류, 죄 및 이스라엘 백성의 기원에 대해 알려 준다.

삶으로 쓰는 요한복음 이야기

◈ **예수님은 태초부터 하나님과 함께 계신 분이시며, 하나님과 함께 만물을 지으신 분이십니다.**

◈ 태초부터 하나님과 함께 계시며 만물을 지으신 예수님을 우리가 믿게 되는 일은 엄청난 특권이라 생각합니다. 하나님은 창세전부터 작정하시고 우리를 택하셔서 성령으로 이끌어 주셨기에 우리가 예수님께로 나올 수 있게 되었습니다. 예수님을 믿고, 환영하고, 좋아하고, 따른다는 것은 정말 놀라운 하나님의 축복이 아닐 수 없습니다. 우리가 예수님을 믿는 믿음을 갖게 되면 하나님의 택함 받은 자녀가 되는 것입니다. 앞으로 요한복음 이야기를 읽으며 예수님이 누구신지 자세히 알게 되기를 간절히 기도드립니다.

기도하기

하나님 아버지, 감사합니다. 오늘부터 드디어 서현이와 다시 큐티를 시작했습니다. 앞으로 요한복음을 통해 들려주시는 말씀을 마음에 깊이 새기고, 하나님의 말씀을 통해서 하나님께서 기뻐하시는 자녀의 모습이 완성되어 갈 수 있도록 인도하여 주시기를 기도합니다. 또 학업 중인 서현이에게 지혜의 말씀(로고스)을 주셔서 갈수록 믿음이 깊어지고, 성실해지기를 예수님의 이름으로 기도합니다. 아멘!

어둠은 빛을 이길 수 없습니다

• 요한복음 1:4-5

그분 안에는 생명이 있습니다. 그 생명은 세상 사람들을 비추는 빛이었습니다. 그 빛이 어둠 속에서 빛을 발했지만, 어두움은 그 빛을 깨닫지 못했습니다.

하나님이 창조하신 세상에는 생명이 있었습니다. 그 생명은 세상 사람들을 비추는 빛이었습니다. 생명은 인간에게 가장 중요한 재산입니다. 생명이 그분(예수 그리스도) 안에 있다는 것은 인간의 모든 생명이 예수 그리스도로부터 온다는 뜻입니다.

그런데 생명이신 예수님은 동시에 사람들의 빛이시기도 합니다. 예수님은 "나는 세상의 빛이라" 하셨습니다. 성경에서 빛은 하나님을 상징하는 것입니다. 반면에 어둠은 죽음, 무지, 죄 같은 하나님을 대적하는 것들을 뜻합니다.

"그 빛이 어둠 속에서 비치니, 어둠이 그 빛을 이기지 못하였다."(요한복음 1:5, 새번역)

어둠은 결코 빛을 이길 수 없습니다. 우리의 눈에 보이는 이 세상은 어둠이 깊게 드리워져 있어서 악이 승리하는 것처럼 보이고, 인간은 어둠과 무지와 죄 가운데서 비참한 상황에 처해 있는 것같이 보입니다. 그러나

삶으로 쓰는 요한복음 이야기

궁극적으로는 죄와 악은 우주를 통치하시는 그리스도를 결코 이길 수 없습니다.

◆ **예수님은 세상의 빛으로 오셔서 모든 택하신 자녀를 죄와 사망의 권세에서 구원하시고, 모든 어둠을 물리쳐 주시는 분이십니다.**

◆ 세계 전체가 전쟁, 환경재앙, 질병의 위기를 겪고 있습니다. 인간이 저지른 탐욕이 부메랑처럼 인간 자신에게 어둠을 몰고 돌아왔습니다. 그러나 이 위기는 하나님의 자녀들에게 그동안 저지른 죄악들을 진심으로 회개하게 합니다. 그동안 내 자신의 이익만을 추구하며 살아온 이기적인 세월들을 회개하게 됩니다. 젊은 세대들이 앞으로 오래도록 살아가야 할 세상을 기성세대로서 제대로 지키지 못한 것을 진심으로 회개하게 됩니다. 앞으로 할 수 있는 최선을 다해 이웃을 사랑하고, 환경을 보호하고, 아끼고, 절제하며, 나눔의 삶을 살 것을 다짐해 봅니다.

기도하기

하나님 아버지, 감사합니다. 오늘 하루를 말씀으로 시작할 수 있도록 인도하심을 감사드립니다. 어둠은 빛이신 예수 그리스도를 결코 이길 수 없습니다. 닥쳐 온 이 재앙에서 더욱 겸손한 태도로 잘못된 것은 고쳐 나가며, 예수님의 생명을 가슴에 품은 저와 서현이가 되기를 예수님의 이름으로 기도합니다. 아멘!

참빛이신 예수님을 증거한 사람

• 요한복음 1:6-8

　세례 요한은 예수님보다 6개월 먼저 태어나 예수님이 빛으로 오심을 증거한 사람이었습니다. 그는 예수님이 메시아임을 증명하기 위해 하나님께로부터 보냄을 받은 구약 시대의 마지막 선지자였습니다.

　죄에 속한 백성들은 너무도 깊은 어둠에 빠져 있어서 무엇이 빛인지를 알려 줄 사람이 필요했습니다. 세례 요한은 사람들을 위하여 성부 하나님의 계시자인 예수님의 진리를 부언하여 가르치는 자로 보냄을 받았습니다.

　요한은 빛은 아니었지만 위대한 사람이었습니다. 요한은 예수님이 빛이심을 증거하여 모든 사람들이 예수님을 믿게 하려는 것이 목표였습니다.

◆ **예수님은 하나님의 아들이시며 우리를 죄로부터 구원하시기 위해 세례 요한을 통해 증거를 받으신 분이십니다.**

◆ 오직 예수 그리스도를 순전하게 더 나타내고, 증거하기 위해 사명을 가지고 살았던 세례 요한을 생각해 봅니다. 그는 그 당시 사람들에게 예수님보다 더 유명하고 존경받는 위치에 있었지만 자신을 결코 높이지 않았고, 오직 예수 그리스도만을 높이며 증거하는 삶을 살았

　　　　　　　　　　　　　삶으로 쓰는 요한복음 이야기

습니다. 저를 구원하시고, 저의 모든 죄를 용서해 주신 예수 그리스도를 얼마나 높이고, 얼마나 순종하는지 되돌아보게 됩니다. 예수님은 우리의 왕이시며 제사장이며 선지자이십니다. 아주 작은 것부터 예수님의 말씀에 순종하며 충성하는 삶을 살기를 오늘 말씀을 통해 다짐합니다.

기도하기

하나님 아버지, 오늘 세례 요한의 겸손한 사명을 묵상하며 조금만 자랑할 일이 생겨도 자랑하기에 여념이 없는 제 모습을 회개합니다. 예수님을 높이기보다는 저를 높이기에 급급했던 이 본성을 변화시켜 주시기를 기도합니다. 범사에 감사와 겸손으로 오직 예수님만을 높여 드리기를 예수님의 이름으로 기도합니다. 아멘!

참빛으로 세상에 오신 예수님

• 요한복음 1:9-12

죄와 고통으로 신음하고 있는 세상을 구원하시기 위해 참빛이신 예수님이 오셨습니다. 예수님이 이 세상에 오신 것을 기점으로 인간의 역사의 시간은 BC(Before Christ)와 AD(Anno Domini)[3]로 나뉘었습니다.

그러나 참빛이신 예수님이 이 땅에 인간으로 오셔서 세상을 비추셨지만 사람들은 예수님을 알지 못했습니다. 어둠의 지배하에 있던 사람들은 죄로 인한 무지와 능력의 상실로 예수님을 알아볼 수 없었기 때문입니다.

예수님은 자기 땅에 오셨지만 환영받지 못하셨습니다. 자기 백성 이스라엘은 모두 그를 배척하였습니다. 그들은 성부 하나님께서 세상에 보내신 성자 예수님을 인정하지 않았고, 명령도 듣지 않았습니다.

그러나 어떤 이들은 예수님을 인간의 모든 죄를 대속하시는 희생양으로서 받아들이는 사람들이 있었습니다. 그들은 하나님의 자녀가 되는 권세와 자격을 받게 되었습니다.

◈ 예수님은 죄로 물들어 있는 세상의 사람들을 구원하시기 위해 참빛
   으로 세상에 오신 분이십니다.

---

3) AD(Anno Domini): 라틴어로 '그리스도의 해'라는 뜻. '기원 후'라는 의미.

삶으로 쓰는 요한복음 이야기

◆ 지금도 수많은 사람들이 예수님을 알아보지 못하고 영접하지 않습니다. 그런 사람들 가운데 예수님을 믿고 영접하여 하나님의 자녀가 된 저를 생각하면 너무나 감사드립니다. 무지하고 죄로 물든 이 세상에서 하나님의 자녀가 되었음이 정말 기쁘고 자랑스럽습니다. 요한복음을 통해서 예수님이 하시는 말씀 하나하나를 정말 귀를 기울이고 따르고 순종하여 하나님의 자녀답게 빛처럼 환하게 살아갈 것을 다시 다짐해 봅니다.

기도하기

하나님 아버지, 감사합니다. 예수님을 알게 되고, 믿게 되고, 따르게 된 것이 얼마나 좋고 감사한지 모르겠습니다. 우리 서현이도 그럴 것입니다. 예수님은 제 인생을 완전히 변화시켜 주셨습니다. 죄로 물들어 어둠 속을 헤매던 저를 구원해 주셨습니다. 이 세상에서 빛으로 살게 되었을 뿐 아니라 영원한 삶을 약속해 주셨습니다. 저와 서현이가 주의 은혜를 늘 기억하고, 믿고, 감사할 수 있도록 인도하여 주시기를 예수님의 이름으로 기도합니다. 아멘!

육신을 가지고 이 땅에 오신 분

• 요한복음 1:13-14

예수님은 우리와 똑같은 육신을 가지고 이 땅에 오셨습니다. 하나님의 아들이신 예수님은 죄가 전혀 없는 인간의 몸을 가지시고 완전한 사람이자 하나님으로 태어나신 것입니다.

예수님이 인간의 육신으로 오신 이유는 그의 백성들을 그들의 죄에서 구원하시기 위해서입니다. 하나님께서 택하신 백성이자 영원히 함께 살 백성들을 그들의 죄에서 구원하시기 위해 예수님은 육신을 입고 오시게 된 것입니다.

죄가 있는 인간은 누구도 천국에 들어갈 수 없습니다. 그래서 죄 문제를 해결하시기 위해 하나님의 아들이신 예수님은 육신을 입고 이 세상에 오셔서 우리의 죄를 대속하신 것입니다.

◆ **예수님은 인간을 모든 죄에서 구원하시기 위해서 이 세상에 육신을 입고 오신 하나님의 아들이십니다.**

◆ 예수님은 이 땅에 육신을 입고 오신 분입니다. 곧 인간의 죄를 대속하시고 구원을 베풀어 주시기 위해 오셨으며, 개인적으로는 저의 모든 죄를 대속하시고 구원하시기 위해서 오신 것입니다. 그런 예수님

삶으로 쓰는 요한복음 이야기

께 정말 감사드리며, 예수님을 사랑합니다. 만약 예수님이 안 계셨다면 여전히 저는 죄의 문제를 해결하지 못하고, 죄 가운데 신음하며 어둠의 시간들을 보냈을 것이기 때문입니다. 지금도 여전히 죄 가운데 살고 있기는 하지만 예수님을 영접하고 새 생명을 얻은 후로는 점점 더 죄를 짓는 횟수와 기회가 적어지며 거룩하신 예수님을 닮아 가고자 노력하게 됩니다. 매일 회개의 기도를 드리며 하나님의 자녀답게 살기를 구하게 됩니다.

기도하기

하나님 아버지, 감사합니다. 저와 서현이의 죄를 사해 주시기 위해 세상에 오신 예수님께 진정으로 감사드립니다. 매일 말씀을 묵상하며 예수님이 우리들을 얼마나 사랑하고 계시는지를 깨닫게 되기를 예수님의 이름으로 간절히 기도합니다. 아멘!

모세는 율법을, 예수 그리스도는 은혜와 진리를

• 요한복음 1:15-18

세례 요한은 예수님이 자신보다 뒤에 태어나셨지만 자신보다 앞선 분임을 증언하였습니다. 구약시대는 모세[4]의 율법의 시대였지만 이제 율법의 완성이신 예수 그리스도가 오심으로 신약(새 언약)의 시대가 시작되어 예수 그리스도의 은혜와 진리로 충만해졌습니다. 예수님은 아버지 곁에서 독생자로 존재하시기 때문에 하나님 아버지를 계시하실 수 있는 독특하신 권위를 가지고 오셨습니다. 하나님 곁에 계시던 독생자 예수님이 우리에게 오신 것은 하나님 자신이 우리에게 오신 것과 같습니다.

◆ **예수님은 하나님 아버지 곁에 계시는 독생자로서 이 땅에 오셔서 세상을 은혜와 진리로 충만하게 하셨습니다.**

◆ 인생을 살아가면서 예수님을 만나고 영접하고 사랑하게 된 것은 가장 큰 축복이며 은혜입니다. 매일 예수님의 말씀 안에서 은혜를 누리며 진리 안에서 살기를 원합니다. 예수님을 사랑하게 된 후로 하나님 아버지께서 나를 창조하시고 나를 자녀로 택하신 목적을 분명

---

4) 모세(BC 1526-1406): 이집트의 노예로 살던 이스라엘 백성을 탈출(BC 1446)시켜 하나님이 택하신 땅 가나안으로 인도한 이스라엘의 민족영웅. 모세오경의 저자.

삶으로 쓰는 요한복음 이야기

하게 깨닫게 되었습니다. 평생 주님을 영화롭게 하고 주님과 함께 기뻐하는 삶이 가장 큰 기쁨임을 오늘 말씀을 통해서 다시 깨닫게 됩니다. 주님을 내 마음과 영혼의 문을 활짝 열고 환영하며 깊이 사랑하게 됨을 감사드립니다.

기도하기

주님, 오늘도 예수님이 제 삶에 찾아오신 것에 감사드립니다. 또 예수님께서 저의 삶을 은혜와 진리로 풍성하게 해 주심을 늘 감사드립니다. 무엇보다도 저와 서현이가 예수 그리스도를 믿게 해 주심을 너무나 감사드립니다. 늘 그리스도 안에 있어서 우리가 죄와 사망의 법을 이기고 승리할 수 있기를 예수님의 이름으로 기도합니다. 아멘!

II

우리에게 나타내신 하나님의 아들
(요한복음 1:19-12:50)

1. 세례 요한의 증언(1:19-51)

"나는 광야에서 외치는 사람의 소리입니다"

• 요한복음 1:20-23

  세례 요한은 '광야에서 예수님이 가시는 길을 증거하기 위해 외치는 소리'라고 자신을 나타낸, 참으로 겸손한 사람이었습니다. 우리가 이 세상에서 얼마나 오래 살았는지, 하나님의 일을 얼마나 오래 했는지가 중요한 것이 아니라 하나님의 뜻대로 살았는지, 하나님을 얼마나 기쁘시게 해 드리며 살았는지 그것이 중요한 일입니다.

  하나님께서 기뻐하시는 뜻이 무엇일까요? 하나님이 택하신 백성 즉 하나님께서 예수님께 맡기신 백성을 한 사람도 잃어버리지 않고 다 구원하는 것이 하나님 아버지의 뜻입니다. 또 우리가 하나님 아버지의 택함 받은 백성임을 매일 감사하며 사는 일이 하나님께서 기뻐하시는 뜻일 것입니다.

◆ **예수님은 하나님의 자녀들을 그들의 죄에서 구원하시기 위한 하나님의 뜻을 이루시기 위해 이 땅에 오신 분이십니다.**

◆ 세례 요한은 예수님을 증거하는 사명을 깊이 자각하고 겸손히 살아간 사람이었습니다. 세례 요한처럼 예수님을 증거하며 겸손히 오직 예수님만을 높이며 하나님의 뜻을 행하는 삶을 살고 싶습니다. 그것

삶으로 쓰는 요한복음 이야기

은 나의 힘으로 되는 것이 아니라 성령의 도우심이 있어야 할 것입니다. 매일 말씀과 기도로 성령의 도움을 간구합니다.

주님, 오늘 세례 요한이 얼마나 예수님을 높이고 증거하는 삶을 살았는지 말씀을 묵상했습니다. 저는 그동안 저만을 높이고, 저의 만족만을 위해서 살아왔음을 부끄럽게 회개합니다. 세례 요한처럼 예수님을 높이고, 주님을 증거하며 살 수 있도록 인도하여 주시기를 기도합니다. 저와 서현이가 늘 자신의 사명이 무엇인지 깨닫는 지혜롭고 신실한 하나님의 자녀가 되기를 예수님의 이름으로 기도합니다. 아멘!

세상 죄를 지고 가는 하나님의 어린양

• 요한복음 1:29-31

세례 요한이 예수님을 가리켜서 "보십시오, 세상 죄를 지고 가시는 하나님의 어린양이십니다"라고 증거한 것은 예수님께서 세상 죄를 짊어지시고 십자가에 못 박히셔서 죽으실 것을 예언한 것입니다. 예수님께서 십자가에 못 박히셔서 죽으심으로 우리의 모든 죄는 사함 받았습니다. 죄로 말미암아 멸망할 수밖에 없었던 우리는 구원받았습니다.

아담과 하와의 범죄 이후로 이 세상에 들어온 온갖 고통과 죄의 세력에서 구해 주시기 위해 하나님의 아들이신 예수님께서 육신을 입고 이 세상에 오셔서 십자가에 못 박혀 죽으심으로 우리의 모든 죄를 사해 주셨습니다. 이제는 예수님을 믿기만 하면, 죄 사함을 받고, 영생을 얻게 되었습니다.

◈ **예수님은 인간을 모든 죄와 악에서 해방하시고 구원하시기 위해서 세상에 오신 메시아(예수 그리스도)[5]이십니다.**

◈ 일상을 살아가면서 예수님을 잊고 살 때엔 늘 허기가 차 있고 욕구가 충족되지 못하며 좌절하고 낙심할 때가 많았습니다. 그러나 자주 예

---

5) 메시아(Messiah): '기름 부음을 받은 자'라는 뜻으로 일반적으로는 '그리스도'로 번역됨

수님을 부르고 말씀을 읽고 새기며 삶의 여러 문제들을 해결해 나갈 때 모든 일들이 시원하게 해결되며 참된 평안을 누리게 되었습니다. 죄로 인해 멸망해 가는 세상에 예수님이 오셨습니다. 예수님은 그를 믿고 따르는 자들을 모든 죄에서 구원하시고 영원한 하나님나라를 약속하셨습니다. 그리고 죽어서만 가는 천국이 아니라 바로 예수님을 주님으로 고백하고 살아가는 이 세상에서도 천국이 임하였음을 깨닫게 해 주셨습니다.

기도하기

하나님 아버지, 감사합니다. 저를 구원하여 주시고, 영원한 하나님의 나라를 약속해 주신 주님을 사랑합니다. 저와 서현이가 주님과 동행하며 오늘 하루도 승리할 수 있도록 지켜 주실 것을 믿으며 예수님의 이름으로 기도합니다. 아멘!

이는 내 사랑하는 아들이요, 내 기뻐하는 자라

• 요한복음 1:32-34

세례 요한은 예수님의 위에 성령이 비둘기처럼 임하시는 것을 보고, 예수님이 하나님의 아들이심을 알게 되었습니다.

예수님께 성령이 비둘기처럼 임하셨습니다. 예수님께서는 성령으로 잉태되셔서 이 세상에 오셨습니다. 예수님께서 세례를 받으실 때에 성령이 비둘기같이 임하신 것은 예수님이 하나님의 아들이신 것을 나타내시기 위해 하나님께서 증거로 보여 주신 것입니다.

그때, 하늘로부터 "이는 내 사랑하는 아들이며, 내가 기뻐하는 아들이다"라는 소리가 들려왔습니다. (마태복음 3:17)

◆ **예수님은 하나님께서 보내신 사랑하시고 기뻐하시는 하나님의 아들이심을 증명 받으신 분이십니다.**

◆ 예수님께서 세례를 받으실 때 하늘에서 성령이 임하신 것처럼 제가 예수님을 믿고 사랑하고 따르게 된 일도 성령의 인도하심이 아니었다면 할 수 없는 일입니다. 하나님의 자녀가 되었음을 새삼 감사드립니다. 하나님의 자녀로 인정해 주시고 하나님의 아들이신 예수님의 자리에까지 저를 높이 올려 주신 것이니 감사하고 기쁜 일이 될

것입니다. 항상 성령이 제게 머물러 계시도록 기도에 힘쓰고, 더욱 겸손함으로 위로는 하나님께 옆으로는 사람들을 대할 것을 다짐합니다. 또 죄를 짓던 옛 생활에서 벗어나 작은 일에도 주님께 감사하고 충성하는 주의 자녀가 되기를 다짐합니다.

기도하기

주님, 언제나 성령의 도우심을 구하며 항상 겸손한 태도로 감사하며 살아갈 수 있기를 간구합니다. 세상을 바라보고 걱정이 앞서거나 두려워하거나 불안해하지 말고 늘 성령 충만하여 매일 세상을 이기는 강하고 담대한 믿음으로 살아갈 수 있기를 기도합니다. 예수님 없이는 단 하루도 살아갈 수 없는 저와 서현이가 되기를 예수님의 이름으로 기도합니다. 아멘!

예수님의 첫 제자들

· 요한복음 1:35-42

예수님께서는 열두 명의 제자들을 택하셨습니다. 예수님께서 공생애 초기부터 제자들을 택하신 것은 제자를 양육하는 것이 매우 중요하기 때문입니다. 세례 요한의 두 제자였던 안드레와 요한복음을 기록한 요한이 가장 먼저 예수님의 제자가 되었습니다.

예수님의 첫 제자가 된 안드레가 가장 먼저 한 일은 자기의 형인 시몬을 예수님께 데려와 예수님의 제자가 되게 한 일입니다. 예수님은 시몬에게 '게바[6](베드로)'라고 별명을 주셨습니다.

예수님께서는 제자들을 택하시고, 늘 제자들과 함께하시며 언제나 제자들을 데리고 다니셨습니다. 예수님께서는 제자들에게 예수님의 말씀을 듣게 하시고, 예수님께서 행하시는 것을 보게 하셨습니다. 또 제자들을 수시로 교육시키시고 양육하셨습니다.

예수님께서 제자들에게 집중하신 이유는 제자들은 장차 교회를 세우고 주님이 말씀하신 것을 사람들에게 전해야 하기 때문입니다. 예수님께서는 미래에 제자들이 할 일을 내다보셨기 때문입니다. 예수님이 승천하신 후에 성령으로 충만해진 제자들은 예수님이 하신 일을 담대하게 행했습니다.

---

6) 게바: '아랍어'로 '반석, 바위'를 뜻함. '헬라어'로는 '베드로'

◆ 예수님은 우리를 모든 죄에서 구원하시고 제자를 삼으셔서 빛나는 삶을 살게 하시는 분이십니다.

◆ 저도 베드로처럼 예수님을 믿고 구원받아 '성도'라는 새 이름을 얻게 되었습니다. 예수님을 제 마음으로 진실하게 환영하고 믿고 따르는 순간부터 예수님의 제자가 된 것입니다. 태어날 때부터 가지고 있던 모든 원죄와 살아오면서 지은 모든 죄악들을 주님 앞에서 고백하고 회개하여 새 마음과 새 영으로 변화된 삶을 살게 해 주신 예수님께 너무나 감사드립니다. 이제는 저를 움직이는 것은 지금도 하늘 보좌에서 예수님이 보내 주시는 성령이십니다. 또한 예수님을 만난 제가 얼마나 행복한가를 다른 사람에게 전해 주어서 많은 사람들을 예수님께 인도하는 삶을 살아간다면 얼마나 기쁜 일이 되는 것일까요? 예수 그리스도를 만난 기쁨이 넘쳐 안드레가 자기 형인 시몬 베드로를 예수님께 인도한 것처럼 제가 만나는 사람들을 주님 앞에 인도하는 자가 될 수 있다면 그 이상의 더 값지고 기쁜 일은 없을 것입니다.

기도하기

하나님 아버지, 지금도 예수님께서는 우리를 제자로 부르시고 계십니다. 우리를 택하시고 우리의 모든 죄를 용서해 주시고 우리를 새롭게 변화시키셔서 예수님의 제자로 살아가도록 인도하여 주심을 믿습니다. 평생 예수님 없이는 하루도 살 수 없는 제자로 살아가기를 바라며 예수님의 이름으로 기도합니다. 아멘!

나를 따르라

• 요한복음 1:43-51

다음 날, 예수님께서는 빌립을 만나시고 그를 제자로 삼으셨습니다. 빌립은 예수님의 제자가 되자마자 자신이 가장 사랑하는 친구 나다나엘을 찾아가 전도했습니다. 나다나엘은 예수님이 자라신 시골 동네 나사렛에 대해 낮추며 말했지만 빌립은 자신의 친구 나다나엘을 핀잔하지 않고 "와서 보라"며 예수님께로 그를 인도했습니다.

예수님께서는 참 이스라엘 사람이었고 간사함이 없는 나다나엘을 보시고 칭찬하셨습니다. 이때 나다나엘은 놀라서 예수님께 어떻게 저를 아시냐고 물었습니다. 이에 예수님께서는 나다나엘에게 "빌립이 너를 부르기 전에 네가 무화과나무 아래에 있는 것을 내가 보았다"라고 말씀하셨습니다.

예수님께서는 그를 만나시기 전에 나다나엘이 평소에 무화과나무 아래에서 기도하고, 성경 읽고, 묵상하는 경건한 삶을 사는 것을 이미 알고 계셨던 것입니다. 예수님의 말씀에 나다나엘은 곧 예수님이 메시아, 그리스도이심을 확신했습니다.

◈ 예수님은 메시아 그리스도이시며 우리의 모든 삶을 이전부터 환히 알고 계시며 우리를 택하시고 부르셔서 우리를 제자로 삼아 주시는

삶으로 쓰는 요한복음 이야기

분이십니다.

◆ 빌립은 예수님을 만나 제자가 된 후에 바로 다음 날 자신의 친구 나다나엘을 예수님께 전도했습니다. 예수님을 믿은 후에 자신이 좋아하는 친구에게 달려가 예수님을 소개하고 전도하는 그 모습이 도전이 됩니다. 전도하는 것을 그동안 어렵게 생각했었는데 빌립은 나다나엘에게 그냥 "와서 보라"고 간단히 말합니다. 예수님께로 초청은 내가 하는 것 같지만 사실은 성령의 인도하심임을 알게 됩니다. 내 마음속에 예수님을 사랑하는 마음이 간절하면 자연히 전도하게 될 것이고 그다음부터는 성령의 인도하심이 있는 것입니다. 예수님은 나다나엘을 만나시기 전부터 그의 진실함을 보시고 기뻐하신 것처럼 예수님은 우리의 성품이 어떤지 이미 다 알고 계십니다. 예수님을 믿는 사람들은 나다나엘처럼 진실해야 한다고 생각합니다. 예배를 드릴 때도 진실하게, 감사할 때도 진실하게, 가족과 친구들과 이웃을 사랑할 때도 말과 혀로만 하지 말고 행함과 진실함으로 사랑해야 함을 오늘 말씀을 통해 다짐합니다.

기도하기

하나님 아버지, 나다나엘처럼 항상 진실하게 기도하고 자신에 대해 성찰하는 삶으로 나아갈 수 있기를 기도합니다. 또한 주님의 말씀을 실천하는 참된 그리스도인이 되기를 예수님의 이름으로 간절히 기도합니다. 아멘!

2. 새 질서를 가져오신 예수님(2:1-4:54)

가나에서 열린 결혼식

· 요한복음 2:1-12

예수님께서 세상에서 가장 먼저 행하신 표적(기적)은 가나 혼인 잔칫집에서 물이 포도주가 되게 하신 것입니다. 예수님께서는 말씀으로 천지 만물을 창조하신 하나님이십니다.

본문에 보면, 혼인집에 포도주가 떨어지자 이를 알고 예수님의 어머니 마리아가 예수님께 와서 포도주가 떨어진 것을 말했습니다. 이때 예수님께서 "저의 때가 아직 오지 않았습니다"라고 말씀하신 것은 예수님께서 십자가를 지시고 구원을 이루실 공적인 사역의 때가 아직 오지 않았음을 말씀하신 것입니다.

사람들은 이 말을 의아하게 생각했지만 예수의 어머니 마리아는 하인들에게 "너희에게 무슨 말씀을 하시든지 그대로 하라"고 말했습니다. 그녀는 하인들이 아무 것도 걱정하지 말고 예수님의 말씀에 순종하기를 바랐습니다.

예수님께서 "항아리에 물을 채우라"고 말씀하시니 하인들은 예수님의 말씀에 순종하여 항아리에 물을 가득 채웠습니다. 예수님은 기적을 행하셨습니다. 물이 변하여 좋은 포도주가 되었습니다.

◆ 예수님은 물을 포도주로 변화시키시는 기적을 행하시는 하나님이십

니다.

◆ 오늘 말씀에서 예수님께 나아오면, 예수님께서 한순간에 물이 포도주 되게 하신 것처럼 변화된다는 것을 알게 됩니다. 주님 앞에 나아오면, 물이 포도주가 되듯이 놀라운 변화가 일어난다는 믿음을 갖습니다. 또 혼인집에서 갑자기 일어난 문제가 예수님으로 인해 해결된 것처럼 어떤 문제든 예수님께 기도하면 해결된다는 것도 깨닫게 됩니다. 또 예수님의 말씀에 순종해야 함을 깨닫게 됩니다. 잔치를 주관하는 사람은 어떻게 그런 좋은 포도주가 나왔는지 알 수 없었지만 물을 가져온 하인들은 알았습니다. 물을 가져온 하인들은 예수님의 말씀에 순종했기 때문이었습니다. 예수님께 나아오면, 희망이 있습니다. 어떤 큰 죄인이라도, 아무리 회복하기 불가능한 상황에 있다 할지라도 주님께 손을 내밀고, "주님, 도와주세요. 저를 살려 주세요" 라고 기도하면 주님께서는 절대 외면하시지 않으시고 반드시 도와주십니다.

기도하기

하나님 아버지, 기적은 이미 제 안에서 일어났습니다. 어떤 문제든 예수님께 가지고 나아오면 예수님께서 해결해 주실 것을 믿습니다. 어떠한 어려운 상황에서도 오직 예수님만 의지하고 살아가는 주의 자녀가 되게 해 주실 것을 예수님의 이름으로 기도합니다. 아멘!

성전을 깨끗이 하심

• 요한복음 2:13-25

오늘 말씀은 예수님께서 너무 더러워진 성전을 보시고, 성전을 깨끗하게 하신 사건입니다. '성전(聖殿)'은 하나님을 경배하기 위해 지어진 거룩한 곳이어야 했지만 예수님 당시에는 거룩해야 하는 예루살렘 성전이 강도의 소굴처럼 되어 있었습니다.

예수님 당시에 헤롯왕은 유대인들의 환심을 사기 위해 46년 동안 성전을 화려하게 짓고 있었습니다. 또 성전 안에는 제물을 팔아 장사하는 사람들로 바글바글했습니다. 소 떼와 양 떼가 우글우글했습니다. 돈 바꾸는 사람들이 상을 차려 놓고 앉아 있었습니다.

예수님께서 이 광경을 보시고 얼마나 충격을 받으셨겠습니까? 예루살렘 성전이 왜 이렇게 되었을까요? 제사장들이 돈에 눈이 어두워져서 명절을 이용해 돈을 벌려고 불법을 행했기 때문입니다.

예수님께서는 노끈으로 채찍을 만드셔서 양이나 소를 다 성전에서 내쫓으시고 돈 바꾸는 사람들의 돈을 쏟으시며 상을 엎으시고, 비둘기 파는 사람들에게 "이것을 여기서 가져가라. 내 아버지의 집으로 장사하는 집을 만들지 말라"고 책망하셨습니다.

◆ **예수님은 사람들이 더럽힌 거룩하신 하나님의 성전을 원래의 모습**

삶으로 쓰는 요한복음 이야기

으로 깨끗하게 정화시키시는 분이십니다.

◆ 하나님의 성전을 장삿속으로 더럽힌 일을 책망하시는 예수님의 음성이 들려오는 것 같습니다. 예수님은 너희 몸은 거룩한 성전이라고 말씀하셨는데 저는 얼마나 저의 몸과 마음을 깨끗하게 지키고 있는지 오늘 말씀을 통해서 많이 회개가 됩니다. 예수님을 사랑하고 따르는 사람은 점점 예수님을 닮아 가며 예수님의 향기를 내야 하는데 그동안 향기가 아닌 악취를 내며 살아온 적이 한두 번이 아님을 고백하며 회개합니다. 저의 모든 죄를 용서해 주시고, 구원하시기 위해 십자가에서 돌아가시고, 사흘 만에 부활하신 예수님의 그 거룩한 사랑과 희생을 욕되게 하지 않도록 항상 거룩하게 살기를 다시 다짐합니다. 항상 성령과 동행하며 세상을 이기고, 마귀를 이기고, 죄를 이기며 살 수 있기를 진심으로 결단합니다.

기도하기

하나님 아버지, 감사합니다. 오늘 말씀을 통해서 그동안 죄를 많이 지으며 부끄럽게 살아왔음을 회개합니다. 제 몸이 성전입니다. 저의 몸과 영혼을 항상 말씀으로 채우고 기도의 향기가 넘쳐나게 하여 주시옵소서. 탐심과 욕망과 정욕으로 채웠던 지난날의 죄를 깨끗이 정화하고 주님께 대한 감사와 이웃 사랑과 말씀의 열매가 맺힐 수 있도록 항상 인도하여 주시기를 예수님의 이름으로 기도합니다. 아멘!

물과 성령으로 거듭난 사람, 니고데모

• 요한복음 3:1-13

유대인의 지도자 니고데모는 예수님께서 행하신 표적을 보고 예수님이 누구신지 알고 싶었지만 자신의 신분을 의식하여 예수님을 밤중에 찾아왔습니다. 니고데모에게 예수님께서는 "사람이 물과 성령으로 태어나지 아니하면 하나님의 나라에 들어갈 수 없다"고 말씀하셨습니다.

물과 성령으로 난다는 것은 죄에서 정결하게 하고, 영적 변화와 갱신을 가져오는 영적인 탄생을 가리킵니다. 곧 죄에서 돌이킨 후에 그리스도의 성령이 각 개인에게 적용되게 하는 것입니다. 예수님께서는 하나님 나라에 들어가기 위해서는 니고데모가 성령에 의해 다시 태어날 수 있도록 회개해야 한다고 말씀하십니다.

복음의 말씀을 듣고 믿는 사람은 지금까지 자기 뜻대로 산 것을 회개하고 그리스도의 성령으로 삶이 변화되게 됩니다. 그 변화된 삶을 보고, 하나님의 자녀가 된 것을 알 수 있습니다.

모든 사람은 육신을 가지고 육신의 부모를 통해 태어납니다. 그런데 예수님을 믿고 구원받아 하나님의 자녀가 되는 것은 성령으로 거듭나서 하나님의 자녀가 되는 것입니다. 거듭난 자녀들은 마음을 다하고, 목숨을 다하고, 뜻을 다해 하나님을 사랑하고, 이웃을 사랑하게 됩니다.

삶으로 쓰는 요한복음 이야기

◆ 예수님은 우리를 물과 성령으로 다시 태어나게 하시는 분이십니다. 또한 예수님의 말씀을 듣고 순종하여 물과 성령으로 다시 태어난 자에게는 하나님의 자녀가 되는 권세를 주시는 분이십니다.

◆ 예수님을 사랑하는 사람은 거듭난 사람입니다. 성령으로 거듭난 사람은 점점 예수님을 닮아가게 됩니다. 점점 말하는 것이나 생각하는 것이나 행동과 가치관, 세계관, 성품이 변해 갑니다. 예수님을 닮아 가는 것입니다. 니고데모와 같은 유대인의 선생 중의 선생 된 자라고 해도 그의 학식과 명망이 그를 구원하는 것이 아닙니다. 오직 성령으로 다시 태어난 사람만이 거듭난 사람입니다. 저도 거듭난 사람으로서 날이 갈수록 하나님 아버지를 기쁘게 해 드리며 점점 더 예수님을 닮아 가는 사람으로 살고 싶고, 그렇게 될 것을 믿습니다.

기도하기

하나님 아버지, 물과 성령으로 거듭난 하나님의 자녀가 된 것을 정말 감사하고 믿음으로 확신합니다. 거듭난 자로서 점점 더 예수님을 사랑하게 되고, 예수님의 사랑을 전하며 예수님을 닮아 가는 주의 자녀가 되기를 예수님의 이름으로 기도합니다. 아멘!

우리를 향하신 하나님의 사랑

• 요한복음 3:14-21

모세는 이스라엘 백성들의 불순종으로 인한 징벌을 면하도록 하기 위해 장대에 높이 달린 놋뱀을 보는 자들은 구원을 받도록 했습니다. 예수님께서도 백성들의 죄로 인하여 십자가에 높이 들리셔야 했습니다. 높이 들린 예수님의 십자가를 믿는 자들을 사망에서 생명으로 옮기셨습니다.

하나님이 세상을 사랑하사 독생자를 주셨다는 말씀은 우리에게 복음의 핵심을 잘 요약한 우리에게 언제나 소망이 되는 기쁜 소식, 복된 소식입니다. 인간들을 향한 하나님의 사랑은 너무나 큽니다. 또 그 사랑은 어떤 특정한 소수 집단에게만 해당되는 사랑이 아니라 온 세상을 위한 것입니다.

그러나 이 세상의 많은 사람들은 하나님께서 우리를 그토록 사랑하심을 잘 모르거나 깨닫지 못합니다. 많은 사람들이 불행한 이유는 하나님의 사랑을 알지도 못하고 느끼지도 못하기 때문입니다. 구원은 예수님의 십자가 사역의 완전함을 믿음으로써 얻어집니다. 하지만 이러한 말씀의 빛을 거절한 사람들은 여전이 어둠에 있으며 이로써 벌써 하나님의 심판 아래에 놓여 있는 것입니다.

하나님께서 아들을 세상에 보내신 목적은 세상을 심판하시기 위해서가 아니라, 세상을 구원하시기 위해서입니다. 안타깝게도 많은 사람들은 하

　　　　　　　삶으로 쓰는 요한복음 이야기

나님을 똑바로 알지 못하기 때문에 진리의 빛을 따르기보다는 어둠을 더 사랑하여 악한 길에서 떠나지 않고 멸망의 길을 걷습니다.

예수님은 마치 자석과 같으십니다. 하나님의 백성들은 예수님께로 모여 들어와서 그의 계시를 받아들입니다. 비록 빛이 그들의 죄를 꾸짖지만 그들은 회개와 믿음으로 응답합니다. 어둠속에 거하던 이전의 삶과는 다르게 살게 됩니다. 빛의 자녀로 살아가게 되며 진리 안에 거하며 진리를 행하는 사람이 됩니다.

◆ **예수님은 하나님이 세상을 사랑하셔서 보내 주신 독생자이시며 그분을 믿는 자마다 사망에서 생명으로 어둠에서 빛으로 옮겨 주십니다.**

◆ 하나님께서는 세상을 사랑하셔서 우리를 위해 독생자를 주셨습니다. 예수님께서는 우리의 죄를 대속하시기 위해 우리 대신 십자가에 못 박혀 죽으셨고, 우리 대신 저주를 받으셨습니다. 이 이상 더 큰 사랑이 어디 있을까요? 예수 그리스도를 믿는 자는 진리의 빛이신 예수님을 따라가게 되고 어둠을 멀리하게 됩니다. 사람들은 죄를 지으면 어둠을 더 사랑하고 빛을 두려워합니다. 자신의 죄가 드러날까 두려워 빛을 피하려 합니다. 그러나 진심으로 회개하고 다시 돌아오면 모든 죄를 용서해 주시고, 의롭다고 말씀해 주시는 참 좋으신 하나님 아버지이십니다. 믿음을 계속 갖기 위해서는 성경에서 증거하시는 예수 그리스도를 알아야 한다고 생각합니다. 성경을 모르면 하나님도, 하나님의 사랑도 알 수 없습니다. 그래서 하나님의 곁을 쉽게 떠나게 됩니다. 오늘도 말씀 안에서 주님과 함께하는 삶이 되기

를 간절히 기도합니다.

기도하기

하나님 아버지, 감사합니다. 예수 그리스도께서 저 같은 죄 많고 부족하고 연약한 사람을 위해서 모든 것을 다 내어 주셨습니다. 예수님의 한결같은 그 사랑을 늘 잊지 말고 매일 주님을 생각하고 주님을 사랑하며 영원히 주님을 즐거워하는 삶을 살게 되기를 예수님의 이름으로 기도합니다. 아멘!

겸손한 사람, 세례 요한

• 요한복음 3:22-30

잠시 동안이지만 예수님의 사역과 세례 요한의 사역이 함께 행해지던 기간이 있었습니다. 그때의 유대 땅은 그 위대한 선포자들의 회개와 하나님의 나라에 대한 가르침으로 생동감이 흘러넘쳤을 것입니다. 예수님과 세례 요한 모두 제자들이 있어 많은 무리들이 그들을 따랐고 예수님과 세례 요한 모두 세례를 주었습니다. 예수님이 세례를 주셨다는 말은 정확히 말하면 예수님의 제자들이 세례를 준 것입니다. 살렘과 가까운 애논의 정확한 위치는 알 수 없지만 아마도 갈릴리 바다와 사해 사이의 중간쯤 되는 곳으로 추정됩니다. 세례 요한의 제자들은 예수님과 제자들에게 화도 나고 질투심도 생겼을 것입니다. 세례 요한은 제자들의 불평에 "하늘에서 주신 사람이 아니면 아무도 받을 수 없다. 나는 그리스도가 아니며 예수 그리스도는 하늘에서 보냄을 받으신 분이다. 나의 역할은 신랑 되신 그리스도의 보조자로서 그분은 점점 더 커져야 하고 나는 점점 더 작아져야 할 사람"이라고 자신을 표현했습니다. 참으로 세례 요한은 겸손한 사람이었습니다.

우리가 예수님을 영접하고 나서 자신이 허물 많은 죄인인 것을 깨닫게 되면 더욱 겸손해집니다. 믿음이 생기면 자신이 죄인인 줄 알게 되어 하나님 앞에 회개하며 살기 때문에 더욱 거룩해져 갑니다. 은혜를 받은 사람은 하나님의 사랑을 깨닫게 됩니다. 그래서 하나님의 은혜를 받은 사람일수록 하나님의 사랑에 감동되어 눈물을 흘립니다. 은혜를 받은 사람은 '어떻게 하면 하나님의 영광을 위해 살까? 하나님을 기쁘시게 해 드리며 살까?'를 생각하며 기도합니다. 그런 가운데 자신의 사명이 무엇인지 깨닫습니다. 말하는 것, 행동, 삶의 자세가 달라집니다. 은혜를 받은 사람들은 하나님의 말씀에 깨달음을 갖게 되어 삶의 목적이 분명해지며 삶의 자세가 겸허해집니다. 오늘 본문의 세례 요한과 같은 사람이 그런 사람입니다. 세례 요한은 자신의 사명이 하나님의 뜻을 이루는 것임을 가장 중요하게 생각했습니다. 그리고 오직 하나님의 뜻을 이루기 위해 일생을 다 바쳤습니다.

◈ 예수님은 그를 믿고 따르는 모든 사람들을 제자로 삼으시고, 믿음을 가지게 하여 그 인생 전체를 변화시켜 주시는 분이십니다.

◈ 세례 요한은 그 신앙과 인격이 사람들의 본이 되는 사람이었습니다. 세례 요한은 자기의 신분과 소명이 무엇인지 똑바로 알았습니다. 사람들은 세례 요한을 존경하고 높이 평가했지만 그는 교만하지 않고 겸손했습니다. 세례 요한에게 믿음이 있었기 때문입니다. 세례 요한은 자신이 예수님보다 앞서 보내심을 받은 자임을 언제나 명심하고 있었습니다. 세상 사람들로부터 칭찬을 듣고 인기가 높아지고 모든 것이 잘되면, 인간은 참 교만해지기 쉽습니다. 그러나 세례 요한은 예수님을 사랑했기 때문에 예수님이 잘되는 것을 보고, 기뻐하고, 좋아하고, 기쁨이 충만했습니다. 세례 요한처럼 주님을 사랑하며 겸손

히 주님을 높여 드리는 제자가 되기를 오늘 말씀을 묵상하며 기도합니다.

하나님 아버지, 감사합니다. 오늘 세례 요한의 겸손함과 믿음을 배웠습니다. 모두 자기를 높이고 어떻게든 자기를 드러내지 못해 안달을 하는 세상에서 오직 예수님을 높이고 자기를 낮추는 세례 요한의 자기 낮춤은 정말 본받을 만합니다. 죄인인 저를 구원하러 오신 예수님을 높이고 따르고 경배하는 것은 정말 당연히 해야 할 일임을 오늘 말씀에서 깊이 깨닫게 됩니다. 저와 서현이가 항상 예수 그리스도를 높이고 사랑하고 따르는 제자들이 될 수 있기를 예수님의 이름으로 기도합니다. 아멘!

하늘에서 오신 분

• 요한복음 3:31-36

세례 요한은 예수님을 '하늘에서 오신 분'이라고 했습니다. 그리고 만물 위에 계시다고 했습니다. 그리스도이신 예수님께서는 하늘로부터 오셨기 때문에 하늘에서 본 것, 들은 것을 그대로 전하십니다. 선지자들은 기도하다가 하나님으로부터 계시와 영감을 받고, 하나님께서 주시는 말씀을 그대로 전할 뿐이지만 그리스도이신 예수님께서는 하늘로부터 오신 분이시기 때문에 친히 보셨고 들으셨습니다.

예수님께서는 태초부터 하나님과 함께 계셨고, 만물이 예수님으로 말미암아 창조되었습니다. 예수님께서는 우리를 죄에서 구원하시기 위해 우리의 죄를 짊어지시고 십자가에 못 박히셔서 죽으셨습니다. 우리는 주님이 사랑이 많으신 분이신 것과 예수님 때문에 우리가 구원받은 것을 알게 됩니다. 성령으로 거듭난 사람은 성령으로 말미암아 이것을 알고 믿습니다.

그렇지만 사람들은 그분의 증언을 받아들이지 않았습니다. 그러나 예수님의 메시지가 모두에게 배척받은 것은 아닙니다. 그것을 받아들인 사람은 하나님을 참되시다 확증하게 됩니다. 예수님이 하나님의 말씀을 하실 때는 한량없는 성령을 받으시기 때문에 하나님에 대한 완전한 진리를 알리십니다.

삶으로 쓰는 요한복음 이야기

이제 사람들은 두 가지 선택이 남아 있습니다. 아들을 믿느냐 아니면 배척하느냐 둘 중에 하나입니다. 예수님을 믿지 않는 것은 무지함에서도 오지만 의도적인 불순종으로 인해 오게 됩니다. 하나님의 진노는 예수님을 믿지 않는 사람들 위에 머물러 있습니다. 끝없는 죄와 불순종은 한없는 징벌을 초래하게 됩니다.

◈ **예수님은 하나님께서 하늘에서 보내신 분이시며 태초부터 하나님과 함께 계셨으며 만물을 지으신 분이십니다. 또한 우리의 죄를 짊어지시고 십자가에 못 박혀 죽으심으로 우리를 구원하신 분이십니다.**

◈ 예수님은 석가나 공자, 맹자, 소크라테스와 같은 성현(聖賢)도 아니고 구약 성경에 나오는 엘리야나 예레미야와 같은 선지자도 아니십니다. 예수님께서는 우리를 죄에서 구원하시기 위해 이 세상에 보내심을 받은 **하나님의 독생자이십니다.** 예수님께서 하늘과 땅의 모든 권세를 가지고 계신데 이는 하나님께서 만물을 예수님께 주셨기 때문입니다. 예수님께서는 모든 것을 가지고 계시는 분으로 우리가 마땅히 경배하고 기도해야 할 분이십니다. 주님이 어떤 분이신가를 아는 사람은 주님을 사랑하게 되고 주님을 사랑하는 사람은 주님께 순종하며 주님의 계명을 지키게 됩니다. 오늘 말씀을 묵상하며 다시 예수님이 누구신지를 분명히 알게 됩니다. 예수님을 사랑하고 따르고 예수님의 말씀에 순종하는 사람이 되기를 다짐합니다.

예수님이 누구신지를 분명히 알고 오직 예수님을 따르며 예수님의 말씀에 순종하는 신실한 그리스도인이 되기를 예수님의 이름으로 기도합니다. 아멘!

예수님을 만난 사마리아 여인

• 요한복음 4:1-15

이전에 남편 다섯이 있었고, 지금도 남편이 아닌 남자와 사는 불행한 여인이 예수님을 만남으로 변화되어 새사람이 된 이야기입니다. 본래 유대 사람들은 다른 민족과 혼혈족인 사마리아 사람들을 싫어해 그 땅에 가지도 않았는데 예수님께서는 이 여인을 구원하시기 위해 그곳에 일부러 가셔서 그곳에서 이 여인을 기다리고 계셨습니다.

낮 열두 시에 물을 길러 온 여인을 만난 예수님께서는 '내가 주는 물을 마시는 사람은 영원히 목마르지 않을 것'이라고 꿈같은 말씀을 하셨습니다. 예수님께서 주시는 물, 영원히 목마르지 않게 하는 물, 영생하도록 솟아나는 샘물은 바로 성령의 은혜를 의미했습니다.

그러자 사마리아 여인은 예수님께 그런 물을 내게 주어서 목마르지도 않고 또 여기 물 길러 오지도 않게 해 달라고 말했습니다. 사람들의 시선을 피해 한낮에 물을 길러 온 여인은 예수님께서 그런 물을 주셔서 다시는 물 길러 오지 않게 해 달라고 호소했습니다.

성령께서 우리에게 임하셔서 우리가 은혜로 충만하여 성령의 은혜 가운데 살게 되면 영원히 목마름은 없게 됩니다.

◈ 예수님은 우리에게 영원히 목마르지 않는 성령의 샘물을 부어 주시

는 분이십니다.

◆ 고달프고 힘겨운 인생을 살고 있던 사마리아 여인에게 예수님이 일부러 찾아가신 것처럼 예수님은 우리에게도 찾아오셔서 우리의 인생을 바꾸시고 변화시키십니다. 사마리아 여인은 자의였는지 타의였는지 모르지만 예전에 남편을 다섯 번이나 바꾸었고 지금 사는 남편도 진짜 남편이 아니었습니다. 동네 사람들은 그녀의 처지를 멸시하며 따가운 시선으로 보았을 것입니다. 그래서인지 늘 남의 눈에 띄는 것을 피해 그날도 낮 열두 시 한낮 뙤약볕 아래 사람들의 눈을 피해 물을 길러 나온 것입니다. 그때 예수님께서는 이 여인을 만나 주셨습니다. 이 세상에서 아무리 귀한 것이라도 우리에게 만족을 주지는 못합니다. 만족을 주는 것 같아도, 잠시 뿐 조금 후에는 다시 목이 마릅니다. 이 세상의 물은 우리를 영원히 목마르지 않게 할 수 없습니다. 우리를 영원히 목마르게 하지 않는 것은 오직 예수님이 주시는 영원한 성령의 샘물밖에는 없습니다.

기도하기

하나님 아버지, 죄인인 한 여인에게 일부러 그 먼 거리를 찾아오셨습니다. 그녀를 죄에서 구원하시고 자유를 주시기 위해서, 생수의 강을 부어주시기 위해서 오셨습니다. 저와 서현에게도 찾아오신 예수님 너무나 감사합니다. 저희들의 삶을 구원하시고 더욱 복되고 기쁘고 아름다운 인생을 만들어 주시기 위해서 오신 예수님을 꼭 붙들고 오늘도 말씀 안에서 순종하며 주님 의지하고 살아가기를 예수님의 이름으로 기도합니다. 아멘!

삶으로 쓰는 요한복음 이야기

한 사람을 찾으시는 예수님

• 요한복음 4:15-26

영원히 목마르지 않게 되는 물을 달라고 하는 이 여인에게, 예수님께서는 "네 남편을 불러오라"고 말씀하셨습니다. 예수님은 남편이 다섯 명이나 있었던 죄 많고 곤고한 인생을 살아온 그 여인에게 과거를 일깨워 주셨습니다. 예수님이 주시는 생수의 강 같은 은혜를 받으려면 먼저 죄를 회개해야 했습니다. 예수님께서는 여인에게 회개할 수 있는 기회를 주시기 위해 "네 남편을 불러오라"고 말씀하신 것입니다.

이 여인은 예수님의 말씀에 매우 당황했습니다. 자신은 과거에도 다섯 남자랑 살았고, 지금 같이 있는 남자도 남편이 아닌데, 남편을 불러오라 하시니 얼마나 곤란했겠습니까? 하나님의 아들이신 예수님께서는 이 여인의 사정을 다 알고 계셨습니다. 사마리아 여인은 정직했습니다. 자기의 부끄러운 사정을 아시는 주님 앞에 모든 것을 시인했습니다. 하나님께서는 이런 사람에게 은혜를 베푸십니다.

예수님께서는 이 산도 예루살렘도 아니고 너희가 아버지께 예배할 때가 이르리라고 말씀하셨습니다. 예배 장소가 문제되지 않고 어디에서든 예배할 수 있습니다. 집에서도 학교에서도 바깥 어디에서도 얼마든지 예배할 수 있습니다. 장소는 문제되지 않습니다. 다만 하나님께서는 영과 진리로 예배하는 자들을 찾으신다고 예수님께서 말씀하셨습니다.

메시아를 만난 이 여인은 자신이 살던 동네 수가성에 복음을 전하는 전도자로 변화되었습니다. 죄가 많아 부끄러워 얼굴을 들고 다닐 수 없었던 이 여인은 예수님을 만나 놀랍게 변화되었습니다.

◆ **예수님은 우리의 과거를 너무나 잘 알고 계시고 우리가 주님 앞에 나와 모든 죄를 회개할 때 우리의 모든 죄를 용서해 주시며 우리의 인생을 더욱 아름답게 변화시켜 주시는 분이십니다.**

◆ 예수님은 사람들이 손가락질하는 죄인인 한 여인을 만나기 위해 일부러 그 먼 거리를 찾아 오셨습니다. 그녀를 죄에서 구원하시고 자유를 주시기 위해서 오셨습니다. 사마리아 여인의 과거를 아셨듯이 주님은 우리를 훤히 알고 계십니다. 그래서 주님 앞에서는 모든 죄를 고백하고 정직해야 함을 오늘 말씀에서 깨닫게 됩니다. 먼저 하나님 앞에 나의 모든 죄를 솔직하게 다 고백하고 회개할 때 하나님께서는 모든 죄를 용서해 주시고 죄로 인해 짓눌려 있던 마음과 육신과 영혼을 아주 가볍고 자유롭게 해 주십니다. 또 주님은 예배하는 것을 참 좋아하시는 것을 깨닫게 됩니다. 주님께 예배드리기 전에 간절한 마음으로 그동안 지었던 모든 죄를 회개하고 성령의 도우심을 간구합니다.

기도하기

예수님! 저와 서현이가 예수님을 구주로 믿게 된 것을 진심으로 감사드립니다. 앞으로도 평생 동안 예수님을 사랑하며 예수님의 사랑을 다른 사람들에게 전하게 하여 주시기를 예수님의 이름으로 기도합니다. 아멘!

이분이 메시아가 아닐까요?

• 요한복음 4:28-42

　　본문에 나오는 사마리아 여인은 죄가 많고 부끄럽게 살아온 여자였지만 예배하는 일과 메시아 그리스도에 대해 관심이 있었습니다. 믿음이 있는 사람은 예수님을 사랑하고 존경하는 마음을 가지게 됨을 알 수 있습니다. 교회 생활을 한다고 천국에 가는 것이 아닙니다. 봉사를 많이 했다고 천국에 가는 것이 아닙니다. 진짜 믿는 사람은 성령으로 거듭난 사람입니다. 성령으로 거듭난 사람이라야 믿음이 있는 사람입니다.

　　사마리아 여인은 우물가에서 메시아를 만났습니다. 자신을 알아주고 생수의 강을 주시는 그리스도를 만난 것이 얼마나 좋았을까요? 사마리아 여인은 이것을 혼자 누릴 수 없어서 물동이를 버려두고 동네로 들어가서 사람들에게 "내가 메시아를 만났다!"고 외쳤습니다.

　　사마리아 여인의 전도는 본문에는 아주 간단하게 기록되어 있지만, 실제로는 아주 구체적으로 예수님을 증거하는 전도였을 것입니다. 자기 체면을 생각지 않고 적극적으로 전도하는 그녀의 말을 듣고 마을 사람들은 예수님께로 나아왔고 예수님을 만나게 되었습니다.

◆ **예수님은 한 사람의 인생을 완전히 변화시키셔서, 많은 사람들을 옳은 길로 돌아오게 하시는 분이십니다.**

◆ 한 죄 많은 여인이 예수님을 만났습니다. 그저 그렇게 만나고 끝난 것이 아니라 그녀의 인생 전체가 송두리째 바뀌어 버렸습니다. 예전에 여러 남편을 전전하며 살아왔던 초라하고 보잘것없던 그녀는 죄에서 자유를 얻게 되었고, 자신이 만난 예수님을 사람들에게 당당하게 전하는 놀라운 믿음의 소유자가 되었습니다. 예수님은 이렇게 인생을 바꾸십니다. 올바른 믿음을 가지려면, 우선 말씀부터 알아야 합니다. 말씀을 바로 알려면, 말씀을 읽고, 듣고, 배워야 합니다. 또 말씀을 그대로 믿고 말씀대로 살아야 합니다. 동네사람들은 그 사마리아 여인을 통해 전도를 받았지만 예수님께로 직접 나와서 주님의 말씀을 듣고 난 후에는 예수님을 더욱 잘 믿게 되었습니다. 이를 볼 때 예수님을 더 잘 알기 위해서는 예수님을 증거하는 성경 말씀을 읽고, 듣고, 받아들여야 함을 알 수 있습니다.

기도하기

우리를 사랑하셔서 지금도 우리를 찾아오시는 예수님, 너무나 감사합니다. 예수님께 나아가면 참된 평안이 있고 영원한 기쁨이 있는데 우리들은 여전히 세상을 기웃거리며 세상에서 쾌락과 재미와 기쁨을 찾으려 애를 씁니다. 이 세상은 제가 잠시 살다 가지만 저에게는 영원한 삶이 있습니다. 다만 세상에 태어나게 하신 사명을 매일매일 깨달으며 저에게 주신 삶의 시간들을 정성을 다하여 성실하게 살고자 합니다. 저뿐 아니라 서현이도 이 세상에서 주신 삶의 시간들을 아름답고 성실하게 살아 낼 수 있기를 예수님의 이름으로 간절히 기도드립니다. 아멘!

왕의 신하의 아들을 고쳐 주심

• 요한복음 4:43-54

예수님께서 두 번째로 갈릴리 가나를 방문하셨을 때 왕의 신하 중 한 사람이 예수님을 찾아와서 가버나움에 있는 자기 아들이 병들어 죽어 가고 있으니 가버나움으로 가서서 아들을 고쳐 달라고 부탁했습니다. 그 당시에 왕의 신하라고 하면 높은 귀족 중의 한 사람이었을 텐데 이 사람은 자기 체면이나 위신을 생각하지 않고 예수님의 행하신 기적을 듣고 찾아와서 공개적으로 간청을 한 것입니다.

왕의 신하는 예수님이 직접 가버나움에 오셔서 아들을 고쳐 달라고 부탁했지만 예수님께서는 "가라. 네 아들이 살아 있다" 말씀 한 마디만 하셨습니다. 어떻게 보면 매우 섭섭한 일입니다. 만일 왕의 신하가 교만한 사람이었다면, 예수님께 화를 냈을 것입니다. 예수님께 불평했을지도 모릅니다.

왕의 신하는 예수님의 말씀을 믿고 갔습니다. 왕의 신하는 예수님의 말씀을 그대로 믿고 순종했습니다. 가는 길에 종들이 와서 아이가 살아 있다는 소식을 전해 주었습니다. 아이가 낫기 시작한 때를 물어보니 예수님께서 "가라. 네 아들이 살아 있다" 말씀하신 그때 아이의 병이 낫게 된 것을 알았습니다.

◆ **예수님은 우리의 모든 고통과 아픔을 들으시고, 말씀으로 질병을 고쳐 주시는 하나님이십니다.**

◆ 예수님은 그가 메시아이심을 모르고 잘 믿지 않던 사람들에게 기적을 베풀어 주셔서 하나님이 보내신 메시아임을 입증하셨습니다. 예수님은 우리의 모든 질병과 고통과 고난을 외면하지 않으십니다. 예수님은 지금도 하늘 하나님 우편에서 우리 한 사람, 한 사람을 위해서 기도하시며 우리의 질병과 아픔과 고통을 치료해 주십니다. 예수님께 달려와 죽어 가는 아들을 살린 왕의 신하의 믿음도 대단합니다. 왕의 신하로 신분이 매우 높았을 그가 초라해 보이는 청년 예수님께 왔다는 것과 예수님의 말 한 마디를 믿고 갔다는 것은 예수님이 고쳐 주실 것이라는 믿음이 있었기 때문입니다. 주님의 말씀을 믿고 순종하면 복을 받는 것임을 깨닫게 됩니다. 주님의 말씀을 믿고 순종하면 기적이 일어납니다.

기도하기

하나님 아버지, 지금도 우리가 여러 병으로 인해 고통당하고 있는 것을 결코 외면하지 않으시고 치료해 주심을 믿습니다. **이가 음식을 가리지 않고 수월하게 먹지 못하는 문제가 좀 있습니다. 이 증상을 고쳐 주셔서 무엇이든 맛있게 잘 먹게 되어 더욱 건강해지고 성장할 수 있도록 치료의 은혜를 부어 주시기를 매일 기도드립니다. 예수님의 이름으로 기도합니다. 아멘!

삶으로 쓰는 요한복음 이야기

3. 생명의 주이신 예수님(5:1-12:50)

38년 된 병자를 고치신 예수님

· 요한복음 5:1-9

　예루살렘에 있는 '베데스다'라는 곳은 '자비의 집'이라는 뜻으로, 많은 병자들이 모여 있었습니다. 천사가 가끔 연못에 내려와서 물을 움직이게 하는데 그때 누구든지 먼저 연못 속에 뛰어들면 어떤 병이든 낫는다는 이야기가 있었기 때문입니다.

　연못 주변에는 병으로 고생하는 사람들, 맹인 등 물이 움직이면 뛰어가려는 사람들로 번잡했습니다. 38년 된 병자도 기회를 노렸지만 뜻을 이루지 못한 채 38년 동안이나 병을 고치지 못했습니다. 38년 된 병자는 한 마디로 말해 절망적인 상황에 빠져 있습니다. 도와주는 사람도 없고, 가족도 없고, 나이도 많고, 병도 중해지니 갈수록 절망적입니다. 얼마나 불쌍한 사람입니까.

　이때 예수님께서 이 사람을 찾아오셨습니다. 예루살렘에 많은 사람들이 있었지만, 예수님께서는 이 38년이나 된 병자를 찾아오셔서 그의 병을 고쳐 주셨습니다. 그런데 예수님이 그 병자를 고쳐 주신 날은 안식일이었습니다.

◈ **예수님은 우리의 몸과 마음과 영혼에 깊이 들어 있는 모든 질병을 고쳐 주셔서 새사람을 만드시는 분이십니다.**

◆ 베데스다 연못에 많은 병자들이 있었다는 것은 당시의 시대에 비참한 영적 상황을 반영하는 것이기도 했습니다. 예수님이 이 38년 된 이 병자에게 "낫기를 원하느냐?"고 물으신 것은 그의 의지를 자극하여 병이 꼭 낫고자 하는 소망을 불러일으키게 하시려는 의도이셨습니다. 영적인 영역에서 볼 때 인간의 큰 문제는 그들이 병든 자신을 깨닫지 못하고 있다는 것과 절망적인 상태가 오래 되면 자신이 치유받는 것을 체념하고 아무 것도 시도하지 않는다는 것입니다. 38년 된 그 병자가 자신의 병을 고칠 수 없다고 포기하고 그 자리에 없었다면 예수님을 만나지 못했을 것입니다. 아무리 절망적인 상황일지라도 하나님을 바라보고 소망을 가지고 나아가면, 살길이 반드시 열리고 좋은 일이 생긴다는 것을 오늘 말씀을 통해 깨닫게 됩니다. 예수님께서는 그 병자에게 "일어나 네 자리를 들고 걸어가라" 말씀하셨습니다. 한 줄기 희망을 잡고 있던 그 병자는 예수님의 음성을 듣고 바로 일어나 걸어갔습니다. 예수님이 말씀하실 때는 미적거리거나 주저하지 말고 바로 순종하고 따르는 삶을 살아야 할 것임을 다짐합니다.

기도하기

하나님 아버지, 주님 앞에서는 어떤 불가능한 문제도 없습니다. 우리의 믿음과 한결같은 기다림을 지켜보시고 우리의 소망을 이루어 주시며 병을 고쳐 주심을 믿습니다. 어떤 어려움과 고통과 고난에 처해 있다고 해도 능히 극복하고 헤쳐 나갈 수 있게 해 주시기를 예수님의 이름으로 기도합니다. 아멘!

삶으로 쓰는 요한복음 이야기

새 생명을 찾은 사람

· 요한복음 5:10-18

예수님께서는 병으로 38년 동안이나 고생한 사람에게 다가가서서 "일어나 네 자리를 들고 걸어가라" 하시고 그 사람의 병을 고쳐 주셨습니다. 예수님께서 그에게 말씀하시자 그 순간 38년 동안 일어서지 못했던 그 병자는 벌떡 일어나 자리를 들고 걸어갔습니다. 예수님은 38년이나 오래된 병자를 말씀 한 마디로 고치신 것입니다.

그러나 병만 고침 받으면, 육신만 건강해질 뿐입니다. 그것보다 더 중요한 것은 죄를 회개하고 하나님의 말씀대로 살면서 영적으로 건강한 새사람이 되어 복을 받고 사는 것입니다. 그래서 예수님께서는 38년 된 병을 고침 받은 사람을 다시 만나셨을 때에 그에게 "더 심한 것이 생기지 않게 다시는 죄를 범하지 말라" 하신 것입니다.

유대인들은 예수님께서 38년 된 병자를 고쳐 주신 이날이 안식일이었기 때문에 예수님을 박해하기 시작했습니다. 안식일에는 어떤 일도 행해서는 안 된다는 유대인들의 잘못된 율법교리 때문이었습니다.

하나님은 안식일을 만드셔서 인간이 안식일을 거룩하게 잘 지키면 평생 복을 받게 하셨습니다. 그런데 유대인들은 안식일의 진정한 의미를 망각한 채 형식적인 면으로만 치우쳐서 안식일에는 무조건 그 어떤 일도 하지 않도록 금하고 있었습니다.

하나님은 창조 사역의 제7일에 안식하셨습니다. 하나님은 우주를 유지하시고 심판을 내리시는 분이십니다. 그러한 분의 아들이 은혜와 자비의 사역을 안식일에 한다는 것은 잘못된 것이 아닙니다.

◆ **예수님은 우리의 육신의 질병을 고쳐 주실 뿐 아니라 우리가 죄를 회개할 때에 용서해 주시고 죄를 짓지 않도록 변화시켜 주시는 분이십니다.**

◆ 거의 한평생을 병자로 살던 그 남자에게 다가오셔서 죄로 인한 무거운 짐이었던 그 병을 그에게서 거둬 내시며 햇빛 가운데로 걸어갈 수 있도록 새 생명을 주신 예수님께 경배와 찬양을 드립니다. 제게도 너무나 말로 다할 수 없이 감사하신 예수님! 아주 어릴 때부터 저를 돌보시며 꿈을 주시며 죄의 짐으로 쓰러졌을 때마다 다시 일으켜 주시고 다시 죄를 짓지 않도록 따뜻하게 붙잡아 주셨던 예수님께 너무나 감사드리고 영광과 찬양을 올려 드립니다. 주님께 받은 은혜를 앞으로 남은 인생에서 정말 조금이라도 보답하는 삶을 살기를 원합니다. 저를 택하시고, 의롭다 하시고, 영화롭게 해 주시는 예수 그리스도를 진심으로 따르기를 원합니다.

기도하기

하나님 아버지, 감사합니다. 예수 그리스도를 믿고 하나님의 자녀가 되게 하신 것을 너무나 감사드립니다. 죄로 인해 신음하던 저를 구해 주시고 새 생명을 주신 것을 항상 감사드립니다. 남은 평생 예수님과 항상 동행하며 살아갈 수 있기를 예수님의 이름으로 간절히 기도합니다. 아멘!

삶으로 쓰는 요한복음 이야기

생명의 부활과 심판의 부활

• 요한복음 5:19-29

유대인들은 예수님이 안식일에 병자를 고치시고, 자신을 하나님과 동등하다고 말씀하시는 것을 듣고 예수님을 죽이기로 결심했습니다. 유대인들은 예수님이 메시아이심을 알지 못했습니다.

우리가 하나님을 알고 싶으면 예수님을 깊이 알면 됩니다. 예수님을 믿는 사람들은 구원받고 심판(정죄)을 받지 않습니다. 심판하는 권한을 하나님께서 예수님께 맡기셨기 때문입니다. 그래서 예수님을 믿고 예수님을 사랑하고 예수님을 섬긴 사람들은 심판(정죄)에 이르지 않습니다. 예수님의 말씀을 듣는 사람, 하나님 아버지를 믿는 사람은 영생을 얻었고 심판에 이르지 않습니다. 그들은 사망에서 생명으로 옮겨진 사람들입니다. 그러므로 하나님의 말씀, 예수님의 말씀을 듣는 것이 매우 중요합니다. 믿음은 하나님의 말씀을 듣고, 읽고, 아는 것에서 나오기 때문에 예수님을 믿는 그리스도인들에게 말씀을 아는 것이 절대적으로 중요합니다.

◈ **하나님의 아들 예수님을 통해 진리이신 하나님을 믿고 따르는 자들에게는 생명의 부활을 주시고, 믿지 않고 예수님을 배척하는 자들에게는 심판의 부활을 주시는 분이십니다.**

◆ 우리는 예수님 때문에 죄 사함을 받았습니다. 하나님은 우리의 눈으로 볼 수 없지만 예수님께서는 우리의 눈으로 보이는 육신을 입고 이 세상에 오셨습니다. 예수님께서는 보이지 않는 하나님의 보이는 형상이십니다. 그러므로 예수님께서는 하나님과 동등하신 분이십니다. 우리가 예수님을 믿기 전에는 하나님 없이 살았는데 이것이 바로 사망의 상태입니다. 우리가 예수님을 믿고 난 후에는 하나님을 모시고 살게 되었습니다. 이것은 생명을 얻은 상태입니다. 그래서 선한 일을 행한 사람은 생명의 부활을, 악한 일을 행한 사람은 심판의 부활을 합니다. 그러나 이것을 알면서도 믿음이 작은 우리들은 하나님을 사랑하는 마음이 부족하기 때문에 말씀대로 살지 못할 때가 많습니다. 그러나 우리가 진심으로 회개하면 하나님께서는 우리의 죄를 기억하지도 않으시고 깨끗이 용서해 주실 뿐만 아니라 성령의 선물까지 주십니다.

기도하기

하나님 아버지, 예수님을 믿고 선한 일을 행하면 생명의 부활을, 악한 일을 행하면 심판의 부활을 하게 된다는 것을 믿습니다. 예수님이 다시 오심을 믿고 살아가면서 선한 일을 많이 행할 수 있기를 기도합니다. 예수님의 이름으로 기도합니다. 아멘!

오직 하나님 아버지의 뜻대로만 행하시는 분

• 요한복음 5:30-40

예수님은 아버지이신 하나님과 하나 되심을 말씀하셨습니다. 아버지와 떨어져서는 아무것도 할 수 없다고 하셨습니다. 예수님은 아버지 하나님의 완전한 대변자이시자 대행자이십니다. 예수님께서는 자신의 뜻대로 행하시는 것이 아니고, 하나님 아버지께서 행하시는 그대로 행하십니다. 그러므로 예수님께서 행하시는 것은 하나님께서 행하시는 것과 똑같습니다. 예수님께서 오직 하나님 아버지의 뜻대로만 행하시기 때문입니다.

요한은 타오르면서 빛을 내는 등불, 즉 그는 진정한 빛은 아니었습니다. 유대 백성들은 잠시 그의 사역에 흥분하고 즐거워했을 뿐입니다. 그의 설교는 자극적인 책망의 메시지로서 대중들로부터 열렬한 환영을 받았습니다. 그러나 예수님께서는 사람에게서 증언을 취하지 않으셨습니다. 사람의 증언은 불완전하고 잘못된 경우가 많습니다. 예수님의 증인은 하나님 아버지이셨습니다. 아버지께서 그의 아들이신 예수님을 친히 증언해 주셨습니다.

유대인들은 굉장히 열심히 성경을 연구하였지만 예수님을 가리켜 율법을 어기는 사람, 신성 모독자라고 단정 지어 버렸습니다. 그리고 이들은 예수님을 미워하고 괴롭혔을 뿐 아니라, 심지어 예수님을 죽이려고 생각했습니다. 마음 문을 닫고 믿지 않는 사람에게는 예수님의 말씀이 귀에 들어오지 않습니다. 그리고 이들은 예수님께서 행하시는 표적을 보면서도 하나도 받아들이지 않습니다. 자기와 상관없는 것처럼 생각합니다.

성경은 하나님께서 유대인에게 주신 가장 중요한 증거입니다. 율법의 형식에 빠진 유대인들은 영적으로 어두워져서 성경이 증거해 주고 있는 증거들을 반박하고 자신들이 믿고 싶은 것만 믿었습니다.

◈ **성경에서 증거하는 대로 예수님은 우리를 모든 죄에서 구원하시고 영생을 주시기 위해 하나님께서 보내신 메시아이시며 구원자이십니다.**

◈ 성경을 알면 하나님은 우리의 눈에 보이지 않지만 하나님께서 계신다는 것을 믿게 됩니다. 하나님께서 우리를 사랑하신다는 것을 믿게 됩니다. 예수님은 그리스도시요, 살아 계신 하나님의 아들이심을 믿게 되는 것입니다. 예수님을 믿음으로 말미암아 구원을 받아 영생에 이르게 됩니다. 우리는 성경을 통해 하나님이 어떤 분이신가를 구체적으로 알게 됩니다. 성경은 하나님께서 천지와 만물을 창조하신 하나님이시고, 절대주권을 가지고 인간을 사랑하고 계심을 알게 해 줍니다. 예수님의 사랑을 깨달으면, 주님께 감사하게 되고, 주님을 사랑하게 됩니다. 기쁨이 넘치고, 행복한 사람이 됩니다.

기도하기

아버지 하나님, 성경 말씀을 매일 읽고 묵상하며 주님의 사랑을 더욱 알기 원합니다. 예수 그리스도의 이름을 힘입어 생명을 얻게 됨을 확신하며

삶으로 쓰는 요한복음 이야기

매일 삶의 아름다운 열매들이 맺어질 수 있기를 예수님의 이름으로 기도
합니다. 아멘!

사람에게서 영광을 바라지 않으신 예수님

• 요한복음 5:41-47

유대인들은 자신들이 예수님의 마음을 안다고 생각하였지만 그와는 반대로 예수님이 그들을 아셨고, 그들의 불신앙의 근본원인을 꿰뚫고 계셨습니다. 그들 속에는 하나님을 사랑하는 것이 없었습니다.

또 유대인들의 근본적인 잘못은 사람의 칭찬을 하나님의 칭찬보다 더 높게 평가한 것에 있었습니다. 그들은 유일하신 하나님의 호의와 뜻은 무시하면서 죄인 된 인간들에게서 인정과 용납을 받으려는 욕망을 가지고 있었던 것입니다.

그들은 인간의 공적을 중시하고 오직 형식적으로 율법을 지키면 되는 종교를 신봉하는 것이었습니다. 그들의 믿음은 철저하게 인간이 만들어 낸 것을 믿는 것이었습니다. 하나님 앞에서 인간이 죄로 인해 멸망할 지경에 빠진 인간을 구원하러 오신 예수님의 사랑에는 전혀 관심이 없었습니다.

따라서 순전히 자기 스스로 만들어 낸 자격증을 앞세워 메시아인 체하는 사람들이 온다면 도리어 환영을 받을 일이 된 것입니다. 그들은 자기들과 목적이 같은 한통속이기 때문입니다. 또 그들이 존경해 마지않는 모세도 사실은 메시아이신 예수 그리스도를 증거하고 있다는 것도 그들은 무지함으로 알지 못했습니다.

삶으로 쓰는 요한복음 이야기

하나님께서 모세와 시내산에서 맺으신 언약을 완성하시기 위해 예수님께서 성령 안에 있는 새 언약을 성취하러 오신 것을 그들은 알지 못했습니다. 하나님의 아들만이 아버지께로 가는 유일한 길임을 그들은 전혀 이해하지 못하고 알지 못했습니다.

◆ 예수님은 사람의 영광을 취하지 않으시고 오직 하나님께로부터 온 영광을 지니시며, 인간을 구원하심으로 하나님께 영광을 돌리시는 그리스도이십니다.

◆ 우리의 주위에는 예수님 당시 많은 유대인들처럼 아예 예수님을 믿지 않거나, 믿고 싶어도 믿어지지 않아 못 믿는 사람들이 많습니다. 예수님이 하나님의 아들이시며 나를 구원하시기 위해서 이 땅에 오셔서 십자가에 죽으시고 부활하신 것과 이 땅에서뿐 아니라 천국에서도 영원한 삶을 약속하신 것을 믿을 수 있다는 것은 얼마나 기쁘고 감사한 일인가요! 성령께서 예수님께로 이끌어 주셨기에 이 믿음이 가능하게 된 것입니다. 하나님 아버지께서 이끌어 주시지 않으시면, 어느 누구도 예수님께 나아올 수 없습니다. 또 내 안에 성령께서 계시기 때문에 예수님을 '나의 구주'라고 고백할 수 있습니다. 성령으로 말미암아 믿게 되고, 믿어지고, 입으로 고백할 수 있게 됩니다. 시대가 발달하고 잘사는 사회가 되었지만, 사람들은 갈수록 불행을 더 크게 느끼며 살아갑니다. 사람의 죄가 이 땅에 가득할수록 불행은 더욱 심해질 것입니다. 그러나 주께서 이미 승리하셨기 때문에 걱정할 필요가 없습니다. 하나님은 하나님의 구원을 받은 자녀 한 사람,

한 사람을 소중하게 여기시기 때문입니다.

하나님 아버지, 매일 예수님을 구주로 고백하며, 예수님 없이는 하루도 살 수 없는 자녀가 되었다는 것에 오늘도 너무나 감사드립니다. 예수님이 하나님의 아들 그리스도이심을 추호의 의심 없이 믿고 또 예수님의 말씀에 순종하는 증거가 매일의 삶에서 드러날 수 있도록 인도하여 주시기를 예수님의 이름으로 기도합니다. 아멘!

보리 떡 다섯 개와 물고기 두 마리의 기적

• 요한복음 6:1-13

오늘 본문에는 성경에서 가장 유명한 예수님이 행하신 기적 중 하나인, 떡 다섯 개와 물고기 두 마리로 5천 명을 먹이시고 열두 바구니를 남기신 이야기가 기록되어 있습니다. 이 이야기는 사복음서[7]에 모두 다 기록되어 있는 것을 보면, 이 사건이 매우 중요한 사건임을 알 수 있습니다.

예수님께서 피곤하셔서 조용히 산에 올라가셔서 기도하셨습니다. 그때 큰 무리가 예수님을 따랐습니다. 예수님께서는 예수님을 따르는 사람들이 얼마나 배고픈지를 아셨습니다.

떡을 어디서 구하겠느냐는 예수님의 질문에 빌립이 떡을 구하는 일이 거의 불가능함을 답하자 그때 안드레는 한 어린아이가 보리떡 다섯 개와 물고기 두 마리를 가지고 있다고 예수님께 말씀드렸습니다. 이에 예수님께서는 사람들을 무리 지어 앉게 했습니다. 사람의 수를 세어 보니까, 여자와 아이들을 제외하고 남자 어른들만 5천 명 정도 되었습니다.

예수님께서는 떡을 하나 들고 하늘을 우러러보시며 감사 기도를 드리셨습니다. 그리고 떡과 물고기를 사람들에게 나눠 주라고 하셨습니다. 그런데 이게 웬일입니까. 아무리 나눠 줘도 남고 남았습니다. 많은 사람이 배부르도록 먹고 더 이상 먹을 수 없을 정도로 되었을 때에 남은 조각을

---

7) 사복음서: 마태복음, 마가복음, 누가복음, 요한복음을 지칭한다.

거두어 세어 보니 열두 바구니에 가득 찼습니다.

예수님께서 오병이어로 오천 명을 먹이시고도 열두 광주리가 남게 하신 것은 우리의 모든 죄와 저주를 속량하시기 위해 메시아로 이 세상에 오셨음을 보여 주신 놀라운 표적이 되었습니다.

◈ 예수님은 우리가 무엇이 필요한지를 다 아시고 오병이어(떡 다섯과 물고기 두 마리)의 기적을 행하시는 분이십니다.

◈ 떡 다섯과 물고기 두 마리가 소년의 손에 있을 때에는 매우 작고 보잘것없어 보였습니다. 그러나 일단 주님의 손에 들리면 오천 명이 먹고도 남는 역사가 일어나게 되었습니다. 이와 마찬가지로, 우리가 가지고 있는 것이 보잘것없어도 그것을 주님께 드리면 놀라운 일이 일어날 수 있습니다. 사랑 많으신 하나님께서는 고통당하는 인간들을 불쌍히 여기셔서 독생자 예수님을 세상에 보내셨습니다. 세상에 오신 예수님께서는 십자가에 못 박혀 죽으심으로 우리의 죄와 저주를 모두 없애 주셨습니다. 오늘날 많은 사람들은 환경을 보고, 세상을 보고, 낙심을 합니다. 걱정하고 불안해합니다. 그러나 불가능해 보이는 환경을 바라보고 세상을 바라보면, 믿음이 약해지고 작아질 뿐입니다. 예수님께서는 소년이 드린 오병이어처럼 작은 우리의 능력을 너무나 좋아하시고 기뻐하십니다. 우리가 모든 것을 다해 예수님을 신뢰하고 그분이 주실 것을 믿는다면 그분의 손안에서 기적이 일어날 것입니다.

하나님 아버지, 오늘 주신 말씀은 지금 저희들에게도 주시는 기적의 말씀이심을 믿습니다. 저와 서현이가 당장 우리에게 보이는 능력이나 가진 것만 바라보지 말고 주님을 바라보고 언제나 담대한 믿음을 갖게 하여 주시기를 기도드립니다. 하나님의 말씀대로 살며 순종하면 하나님께서 우리를 좋은 길로 인도하여 주실 것을 믿습니다. 항상 하나님만 바라보고 기적을 체험하며 살게 되도록 예수님의 이름으로 기도합니다. 아멘!

"나다, 두려워하지 마라"

• 요한복음 6:14-21

예수님이 기적을 행하신 것을 본 사람들은 그와 같은 예언자(선지자)가 일어날 것이라는 모세의 예언을 기억하게 되었습니다. 모세가 백성들을 먹였고 그들을 억압으로부터 이끌어 냈듯이 예수님도 백성들을 먹이셨으며 그들을 로마의 억압에서 영적인 세계로 이끌어 내셨습니다.

백성들은 예수님이 기적을 행하신 것을 보았지만 그 의미를 깨닫지는 못했습니다. 그래서 예수님을 억지로 붙들어서 자신들의 임금으로 삼으려고 했습니다. 그러나 예수님께서는 만왕의 왕이시요, 만주의 주가 되실 뿐 아니라, 하나님의 백성을 모든 죄에서 구원하실 구세주이십니다. 십자가에 못 박혀 죽으심으로 우리의 죄를 모두 대속해 주실 구세주이십니다. 그래서 유대인들이 열광하며 왕으로 추대하려고 하자 예수님께서는 그들을 피해서 산으로 기도하러 가셨습니다.

예수님께서는 제자들에게는 배를 타고 벳새다로 가라고 재촉하셨습니다. 제자들은 벳새다로부터 가버나움을 향하여 가고 있었습니다. 그 두 마을들은 갈릴리 호수의 북쪽 끝에 위치하였습니다. 그들이 바다에서 나아갔을 때 이미 해는 져 있었습니다.

갑자기 큰 바람이 불어 파도가 일어났습니다. 갈릴리 호수는 원래 갑작스럽고 험악한 폭풍으로 유명한 곳이었습니다. 본문에 보면, 예수님의 제

삶으로 쓰는 요한복음 이야기

자들은 믿음이 신통치 않았습니다. 바다에 바람이 불고 파도가 점점 더 거세지자 제자들은 노를 저어 십여 리 쯤 나아갔습니다. 제자들이 호수 한복판에 있을 때 예수님께서 바다 위로 걸어오시는 모습을 보고 두려움에 떨었습니다. 예수님께서는 "나다, 두려워하지 마라" 말씀하시며 떨고 있는 제자들을 무사히 그들의 목적지까지 인도하셨습니다.

◆ **예수님은 인생의 거친 파도가 칠 때에도 항상 우리 곁에 계시며 우리를 위하여 달려오시는 하나님이십니다.**

◆ 예수님께서 "나다(I Am)" 하신 것은 "나는 백성들과 임재하기를 원하는 하나님이라"고 말씀하신 것입니다. 바다 위를 걸어오셔서 제자들을 구해 주신 예수님의 기적은 예수님이 하나님의 자녀들을 보호하시고 중보하시는 구원자이심을 계시해 주신 사건입니다. 두려움과 불안과 공포를 이길 수 있는 힘은 오직 예수 그리스도를 믿는 믿음에 있음을 오늘 말씀을 통해 깨닫게 됩니다. 믿음과 두려움은 반비례한다고 생각합니다. 믿음이 작아질수록 두려움은 커지는 것 같습니다. 반면에 믿음이 커질수록 두려움은 없어집니다. 믿음만이 모든 두려움, 불안, 공포를 이길 수 있습니다. 믿음이 큰 사람은 무슨 일이 일어나도 두려워하지 않습니다. 어떤 문제가 생겨도 걱정하지 않고 마음이 평안합니다. 마음에 확신이 있기 때문입니다. 하나님께서는 우리가 지금 어디가 아픈지, 무엇이 부족한지, 무엇을 걱정하는지, 무엇이 문제인지 다 아십니다. 우리는 예수님의 말씀을 믿고 항상 기뻐하고 감사하고 기도하며 살아야 합니다.

하나님 아버지, 우리에게 닥친 어떤 어려움과 고난도 다 예수님께서 물리쳐 주실 것이라는 믿음을 지니고 나아가기를 기도합니다. 믿음만이 모든 두려움과 불안과 공포를 이길 수 있음을 명심하고 항상 믿음을 잃지 않게 되기를 예수님의 이름으로 기도합니다. 아멘!

"우리는 무엇을 해야 합니까?"

・요한복음 6:22-31

　사람들은 오병이어의 기적이 예수님이 하나님이심을 나타내는 표적임을 알아보지 못했습니다. 사람들은 오직 예수님을 따라다니면 먹을 것을 걱정하지 않아도 된다는 것만 생각하고 다음 날에도 예수님을 찾아왔습니다. 물질세계에만 너무나 사로잡힌 사람들은 하나님이 그들에게 제공하시는 참된 복의 더 깊은 의미를 깨닫지 못했습니다.

　육적인 양식은 잠깐이지만 영적인 양식은 영생으로 인도하는 것입니다. 하나님이 주시는 참된 복은 영생을 주시는 하나님 자신이신 예수 그리스도이셨습니다.

　사람들은 그러면 우리가 어떻게 해야 하나님의 일을 할 수 있을지 예수님께 물었습니다. 사람들은 어떤 선행으로 구원을 받을 수 있다고 생각하고 예수님께 물은 것입니다. 그들은 선한 일을 행함으로써 하나님을 기쁘시게 해 드릴 수 있다고 생각했습니다.

　그러나 예수님께서는 하나님의 일은 하나님께서 보내신 이를 믿는 것이라고 말씀하십니다. 즉 아버지께서 보내신 이를 신뢰하는 것입니다. 사람들이 스스로 자신을 구원하지 못하는 것을 인정하고 오직 보내신 이 곧 예수 그리스도가 주시는 은총을 받을 것을 요구하시는 것입니다.

　믿음이 없이는 하나님이 우리에게 베풀어 주시는 구원의 복을 누릴 수 없습니다. 그러므로 무엇보다 중요한 것은 믿음입니다.

◆ 예수님은 우리를 구원하시는 하나님을 믿게 하시기 위해서 하늘의 하나님께서 이 땅에 보내신 메시아이십니다.

◆ 예수님께서는 사람이 떡으로만 살 것이 아니요 하나님의 입으로 나오는 모든 말씀으로 살 것이라고 말씀하십니다. 사람들은 어떤 선한 일을 행함으로써 영생을 얻을 수 있다고 믿었습니다. 그러나 예수님은 하나님의 일은 하나님이 보내신 자를 믿는 일이라고 단순하게 말씀하십니다. 하나님이 보내신 자를 믿는다는 것은 곧 예수 그리스도를 믿고 그분의 말씀대로 사는 일이 될 것입니다. 결국 하나님의 일을 열심히 한다는 것은 하나님 아버지께서 보내신 자 곧 예수 그리스도를 신뢰하는 일입니다. 믿음이 없으면 하나님을 기쁘시게 하지 못할 뿐 아니라, 구원받을 수 없습니다. 하나님께서 보내신 예수님을 잘 믿는 사람이 하나님의 일을 가장 잘하는 사람입니다. 예수님이 누구신가를 똑바로 아는 사람, 예수님을 사랑하고 신뢰하는 사람, 예수님의 뜻대로 사는 사람, 예수님의 계명대로 살기 위해 노력하는 사람이 하나님을 기쁘시게 하고. 하나님의 사랑을 받는 자입니다.

기도하기

아버지 하나님, 예수님을 신뢰하고, 따르는 믿음을 가지게 된 것을 늘 감사합니다. 이 믿음을 변치 말고 항상 기뻐하며 예수님의 사랑을 날마다 체험하며 살아갈 수 있기를 예수님의 이름으로 기도합니다. 아멘!

삶으로 쓰는 요한복음 이야기

나를 보내신 하나님 아버지의 뜻

• 요한복음 6:32-40

예수님께서는 사람들의 생각을 세 가지 점에서 바로잡아 주셨습니다. 첫째는 만나는 모세가 준 것이 아니라 하나님 아버지께서 주신 것입니다. 둘째는 하나님 아버지는 과거에만 만나를 주신 것이 아니라 그 당시에도 계속 주셨습니다. 셋째는 하늘에서 내린 참떡은 만나가 아니라 예수님이 십니다. 모세와 그의 표적의 우월함은 예수님 앞에서 사라져 버렸습니다. 만나는 단지 육신만을 위한 음식으로 유용했지만 예수님께서는 사람들의 영적이고 육적인 모든 것을 위한 온전한 양식이 되어 주신 것입니다. 그리스도 예수는 세상에 생명을 주시려 하늘에서 내려오셨습니다. 예수님은 참된 하나님의 떡이십니다.

예수님께서는 "아버지께서 내게 주시는 자는 다 내게로 올 것이라"고 말씀하셨습니다. 하나님 아버지께서 예수님께 이끌어 주신 그 사람들이 예수님께 나온다는 것입니다. 누가 예수님을 믿게 됩니까? 창세전에 하나님께서 택하신 백성, 하나님께서 영생을 주셔서 영원히 천국에서 살기로 작정하신 사람들이 예수님을 믿게 됩니다. 하나님께서 창세전에 택하신 사람들은 다 예수님을 믿게 됩니다.

죄가 있으면 천국에 들어갈 수 없습니다. 그래서 예수님께서는 인간을 죄에서 구원하시기 위해 세상에 오셨습니다. 예수님께서는 죄가 전혀 없으시므로 하나님과 인간 사이에 중보자가 되실 수 있습니다. 예수님께서는 죄가 없으시기 때문에 우리의 모든 죄를 대속해 주실 수 있습니다. 오직 예수님만이 우리를 구원하실 수 있는 메시아시요, 우리의 구세주가 되십니다.

예수님께서는 나는 생명의 떡이니 내게 오는 사람은 결단코 굶주리지 않을 것이며, 나를 믿는 사람은 결코 목마르지 않을 것이라고 말씀하셨습니다. 예수님을 믿는 사람은 왜 영원히 목마르지 않습니까? 세상이 줄 수 없는 평안을 주시기 때문입니다. 오직 예수님을 믿고 따르는 사람들은 하나님의 성령이 내주하시므로 아무것도 두렵지 않고 오히려 마음이 평안합니다.

◆ **예수님은 우리에게 영원한 삶을 주시기 위해서 하늘에서 내려오신 생명의 떡이시며 예수님께 나아오는 자를 한 사람도 빠짐없이 구원해 주시고 복을 내려 주시는 분이십니다.**

◆ 예수님께 나오는 자들은 영원히 목마르지 않고 굶주리지 않을 것이라고 말씀하셨습니다. 이 말씀은 우리의 육의 양식도 해결해 주시지만 우리에게 성령을 부어 주셔서 영혼의 양식을 풍성하게 공급해 주시며 우리를 평안과 기쁨으로 매일 인도하신다는 뜻입니다. 매일 성령의 인도함을 받아서 이웃을 사랑하고, 모든 사람들과 화목하게 지내게 되기를 소망합니다. 어떤 원수와도 싸우지 않고 화목하게 지내기를 소망합니다. 성령이 함께하시면 이렇게 살 수 있을 것이라 믿습니다.

하나님 아버지, 오늘도 풍성한 은혜의 말씀을 주셔서 감사합니다. 생명의 떡이신 예수님을 저와 서현이가 마음속에 모시고 살게 해 주셔서 감사합니다. 이 말씀이 평생 우리 안에 살아 있게 해 주셔서 매일 승리하는 삶을 살게 해 주시기를 간절히 원하며 예수님의 이름으로 기도합니다. 아멘!

생명의 떡이신 예수님

· 요한복음 6:41-51

　적대적인 불신자들인 유대인들은 예수께서 하늘로부터 오셨다고 선포하시자 "우리가 예수의 부모가 누구인지 알고 있는데 예수가 어떻게 하늘에서 올 수 있냐?"고 하며 수군거렸습니다. 그들은 예수님이 요셉의 아들이라고만 생각하며 동정녀 탄생 즉 성육신으로 오신 예수님을 도무지 이해할 수 없었습니다. 하나님의 도움이 없이는 누구도 예수께 나아올 수 없고 또 예수를 믿을 수 없습니다. 하나님께서 이끌지 아니하시면 사람들은 모두 죄와 불신앙에 빠질 수밖에 없습니다.

　이러한 하나님의 은혜에 의한 구원의 교리를 설명하시기 위해 예수님은 구약성경 이사야 54장 13절 말씀을 인용하셨습니다. 하나님의 가르치심은 사람들로 하여금 예수님에 대한 진리를 받아들이고 그분께 응답하도록 하는 내적인 역사임을 말씀하신 것입니다. 그러나 하나님의 이 비밀스러운 가르침이 하나님과 인간들을 직접적으로 신비하게 결합해 주는 것은 아닙니다. 하나님을 아는 것은 하나님의 말씀이신 예수님을 통하여만 가능합니다. 그러시면서 예수께서는 '내가 곧 생명의 떡'이라고 다시 확증하셨습니다. 이스라엘 조상들이 광야에서 먹었던 하늘에서 내려온 만나는 일시적인 굶주림만을 해결해 주었지만 예수님이 주시는 떡은 영원히 죽지 않을 것이며, 세상의 생명을 위한 당신의 살이라고 말씀하셨

　　　　　　　　　　　삶으로 쓰는 요한복음 이야기

습니다. 생명의 떡을 먹는다는 것은 예수님께로 와서 말씀을 듣는 것이며 보는 것입니다. 이 떡을 먹으면 영생한다고 말씀하십니다. 구원은 어린양의 희생의 죽음을 통해 오기에 예수님은 이것이 내 살이라고 말씀하신 것입니다. 죽음으로써 생명이 이 세상에 오게 되었던 것입니다.

◆ **예수님은 우리에게 영원한 삶을 주시기 위해서 하늘에서 내려오신 생명의 떡이시며 예수님께 나아오는 자에게 새 생명을 주시는 분이십니다.**

◆ 예수님이 주시는 생명의 떡을 먹는다는 것은 예수님께 나아오고, 예수님의 말씀을 듣고, 말씀 안에서 예수님을 보고 예수님을 믿게 되는 것을 말할 것입니다. 매일 육의 양식을 먹어야 살듯이 매일 성경 말씀을 읽고 묵상하며 예수님의 공급하시는 생명의 양식을 먹는 것입니다. 좋은 음식과 음료가 육신의 생명을 지켜 주듯이 참된(의지할 만한) 영적 양식과 음료인 예수님은 그를 따르는 이들을 영적으로 지켜줍니다. 그분의 살과 피는 그분을 믿는 사람들에게 영원한 생명을 줍니다. 예수님이 생명의 떡이신 것을 당시의 많은 유대인들이 도무지 믿지 못했던 것을 생각하면 제가 예수님이 믿어지고 예수님의 말씀이 생명의 양식임이 진실로 믿어지는 것이 너무나 감사한 일입니다. 성령께서 인도하셔서 예수님이 하나님의 아들 그리스도이심을 믿고, 또 예수 그리스도의 이름에 힘입어 생명을 얻게 된 것을 감사드립니다.

하나님 아버지, 저와 서현이가 예수님이 생명의 떡을 공급해 주시는 하나님의 아들 그리스도이심을 믿고, 또 그 이름을 힘입어 생명을 얻는 역사가 앞으로도 계속 일어날 수 있기를 예수님의 이름으로 간절히 기도합니다. 아멘!

생명의 말씀이신 예수님

• 요한복음 6:60-71

무리들은 예수님의 가르치심을 이해하기 시작했지만 곧 그들은 예수님을 전적으로 받아들이기 힘들다는 것을 깨달았습니다. 그들은 당장 이 세상에서 필요한 육의 양식을 마음껏 공급해 주고 권력을 쥐고 흔드는 정치적 메시아를 기대하고 있었습니다. 그러나 정치적인 메시아로서의 예수님에 대한 대중의 열광은 이제 막을 내리게 되었습니다. 그들은 예수님이 로마로부터 그들을 구원하려 하지 않는다는 것을 알았습니다. 그분은 위대한 치유자일 수는 있으나 그분의 말씀은 받아들이기가 어려웠습니다. 예수님의 말씀을 알아듣지 못한 많은 사람들이 예수님의 곁을 떠났습니다. 예수님께서는 그들이 믿지 않을 것을 처음부터 잘 아셨습니다. 예수께서 주시는 생명은 믿음으로만 주어지게 됩니다. 사람들이 그 믿음으로 오는 데에는 하나님의 도우심이 있어야만 합니다.

예수님께서는 제자들에게 너희도 가려느냐고 그들의 약한 신앙을 격려하기 위해서 질문하셨습니다. 베드로가 예수님께 "주여 영생의 말씀이 주께 있는데 우리가 누구에게 가겠습니까?" 하고 대답했습니다. 예수님을 믿는 자, 예수님의 말씀을 듣는 자는 베드로처럼 믿음을 가지게 되고, 영생을 얻습니다. 그때 예수님께서는 열두 제자 중에 한 사람은 예수를 파는 자 마귀임을 밝히셨습니다. 예수님은 처음부터 가룟 유다가 '파는 자'

로 마귀 역할을 할 것을 알고 계셨습니다. 후에 제자들은 예수님의 이 말씀을 기억하며 믿음을 더욱 공고히 했습니다.

◆ **예수님은 생명의 말씀을 주셔서 그를 믿는 자들에게는 세상을 늘 이기고 승리할 수 있게 해 주시는 분이시며 사람의 마음속에 있는 모든 것을 환히 꿰뚫어 보시는 분이십니다.**

◆ 예수님의 말씀을 전적으로 믿고 따르면 현재에 어떤 어려운 상황이 닥쳐오고 불안과 두려움을 일으키는 환경이 올지라도 극복하지 못할 것이 없습니다. 가룟 유다도 한때는 예수님을 따라다니는 제자였습니다. 그러나 그는 마음의 탐욕과 그릇된 환상을 품다가 예수님을 배반하고 말았습니다. 참으로 안타깝고 비극적인 일입니다. 베드로도 예수님을 따라다니며 믿음을 보이기도 했지만 예수님을 세 번이나 부인하고 모른다고 한 죄를 지었습니다. 그러나 베드로는 자신의 죄를 통곡하며 회개하여 새롭게 변화되었고 예수님을 증거하는 사도의 삶을 살게 되었습니다.

기도하기

하나님 아버지, 세상에서 살아가기가 어렵고, 힘든 일이 온다 할지라도, 죄를 짓는 일이 생긴다고 해도 베드로처럼 돌이키고 다시 믿음을 되찾아 앞으로 나가기를 원합니다. 세상을 이기는 믿음을 지니기를 예수님의 이름으로 기도합니다. 아멘!

삶으로 쓰는 요한복음 이야기

예수님은 누구신가?

• 요한복음 7:1-9

예수님께서 메시아이신 것을 예수님의 형제들이 전혀 몰랐거나 믿지 않은 것은 아니었지만 그들은 잘못된 메시아관을 가지고 있었습니다. 예수님의 형제들은 예수님이 사람들에게 메시아의 영광을 나타내지 아니하려는 것을 이상하게 생각했습니다.

예수님이 주장하는 대로라면 그것을 공적으로 보여 주어야 한다고 그들은 생각하고 있었습니다. 그들은 강력하고 멋진 방법으로 예수님이 메시아임을 보여 주어야 한다고 충고했던 것입니다. "자신을 온 세상에 알리십시오." 그러나 하나님의 방법은 대중 앞에서 십자가의 고난을 보여 주시는 것이었습니다.

예루살렘으로 가서 자신을 사람들에게 드러내어 기적을 행하라는 형제들의 말에 예수님께서는 "내 때는 아직 오지 않았다"고 말씀하셨습니다. 예수님께서 십자가에 못 박혀 죽으실 때가 아직 되지 않았기 때문입니다.

예수님께서 십자가에 못 박혀 죽으시기 전에 하실 일이 남아 있었기 때문입니다. 그래서 예수님께서는 유대 땅으로 가시지 않으시고, 갈릴리 지역에서 사역하셨습니다.

◈ **예수님은 하나님의 뜻을 따라 순종하시며 하나님 아버지의 때에 십자**

가에 못 박혀 죽으심으로 우리의 모든 죄를 대속해 주신 분이십니다.

◆ 오늘 말씀을 통해서 예수님은 사람에게 잘 보이고 사람에게 영광을 나타내시려고 하지 않으셨다는 것을 알게 됩니다. 예수님은 항상 아버지를 기쁘게 하시는 분이시기 때문에 예수님의 모든 행동은 아버지께서 원하시는 대로 하시는 것이었습니다. 아버지의 뜻은 아직 대중에게 나타낼 십자가의 때가 아니었습니다. 예수님께서 십자가에 달리시기 바로 직전의 중보기도에서 "아버지여 때가 이르렀습니다"라고 하시는 말씀을 들을 수 있습니다. 예수님이 누구신지 똑바로 아는 믿음이 있어야 합니다. 예수님은 힘과 권력으로 강한 자가 되려는 세상 나라의 임금이 아니십니다. 예수님은 우리를 모든 죄로 인한 고통에서 자유하게 하시기 위해 이 땅에 오셔서 우리 대신에 고난당하시고 희생하시러 오신 참사랑의 주님이십니다. 주는 그리스도시요, 살아 계신 하나님의 아들이십니다. 예수님의 말씀은 진리이십니다. 예수님께서 말씀하신 대로 반드시 이루어진다는 것을 믿어야 할 것입니다.

기도하기

하나님 아버지! 예수님이 누구신지를 똑바로 알고 신뢰하고 의지하는 믿음을 항상 갖기를 원합니다. 어떠한 환경의 변화가 생겨도, 예수님의 말씀만 붙잡고 나아가며 흔들리지 않기를 원합니다. 또한 주님의 약속은 반드시 그대로 이루어진다는 것을 믿고 매일 씩씩하게 살아가기를 예수님의 이름으로 기도합니다. 아멘!

삶으로 쓰는 요한복음 이야기

겉모양만 보고 판단하지 말라

• 요한복음 7:10-24

예수님께서는 성전에 올라가시지 않으실 것처럼 말씀하셨지만 가신 이유가 있었습니다. 성전에 사람들이 많이 모였을 때에 사람들에게 하나님의 교훈을 전하시기 위해서였습니다. 예수님께서는 하나님께서 택하신 백성을 하나도 잃어버리지 않고 예수님께서 재림하시기 직전까지 구원하시기 위해 이 세상에 오셨습니다. 그래서 예수님께서는 쉴 수 없었습니다. 예수님께서 말씀을 전하실 때에 예수님의 가르침은 뛰어났습니다. 그것을 듣는 사람들이 놀랄 정도로 권위 있는 말씀을 예수님께서 전하셨습니다.

예수님께서 능력 있게 말씀을 전하시니 유대인들은 '우리는 저 사람이 무식한 사람이라고 알고 있는데, 언제 글을 배워 저렇게 능력 있게 말씀을 전하나'라고 생각했습니다. 유대인들은 예수님의 겉모습만 보고 판단했습니다. 유대인들은 신앙적으로나 인격적으로나 완전하시고. 조금도 부족함이 없으시며 허물도 실수도 없으신 완전하신 예수님을 인정하지 않았습니다. 그들은 예수님께서 사람을 미혹한다고 하고, 미친 사람이라고 했습니다.

◈ 예수님은 오직 하나님의 뜻을 사람들에게 전하시며 자기의 영광을

구하지 않으시고, 오직 하나님께서 영광을 받으시도록 말씀을 전하시는 분이십니다.

◆ 만약 예수님께서 자신 스스로의 힘으로 가르쳤거나 일종의 천재였다면 그의 목회 사역은 스스로를 높이는 것이 되었을 것입니다. 그러나 그분은 자기의 영광을 구하지 않았습니다. 인간의 진정한 목표는 하나님을 영화롭게 하며 또한 영원히 그분을 즐거워하는 것입니다. 하나님과 동등하신 예수님께서도 인간에게 마땅히 높임을 받아야 하실 분입니다. 그분의 목적은 오직 아버지의 뜻을 세상에 바르게 전하시는 것이었습니다. 그분은 불의함이 없는 참되신 분이었습니다. 유대인들은 모세의 율법을 자랑하고 있었습니다. 예수님은 그들의 자기만족의 종교를 공격하셨습니다. 그들은 자신들을 율법의 수행자라고 여기고 있었습니다. 그러나 그들의 마음은 악으로 가득차 있었습니다. 예수님은 그들의 마음을 간파하셨고 그들의 어둠을 질책하시자 그들은 예수님이 귀신이 들렸다고 모욕하였습니다.

기도하기

하나님 아버지, 사람을 겉모양으로만 판단하지 않고, 진실한 내면을 들여다볼 수 있는 믿음을 가질 수 있도록 인도하여 주시기를 기도합니다. 아멘!

예수님을 얼마나 아는가?

• 요한복음 7:25-36

사람들이 예수님을 죽이려 했지만 예수님께서는 죽음을 두려워하시지 않으시고 예루살렘 성전에서 담대하게 말씀을 전하셨습니다. 예수님께서는 죽고 사는 것은 하나님의 손에 있다는 것을 믿으셨고, 사람들이 예수님을 죽이려고 계획을 세우고 있어도 아직 때가 되지 않았음을 예수님께서는 알고 계셨습니다. 그래서 사람들이 예수님을 잡고자 하나 아무도 예수님께 손을 댈 수 없었습니다.

무리 중 많은 사람이 예수님께서 행하신 큰 표적과 기사를 보고 예수님을 믿었습니다. 우리는 표적만 보고 믿으려 하기보다 진리의 말씀을 듣고, 믿어야 합니다. 진리의 말씀을 믿는 믿음이 확실한 믿음입니다.

표적을 믿는 믿음으로는 구원받을 수 없습니다. 오직 진리를 믿음으로 인해 구원받습니다. 하나님의 말씀과 진리를 믿음으로 구원받습니다. 그러므로 우리는 진리를 똑바로 알고, 진리를 믿어야 합니다.

예루살렘 사람들은 자기들이 예수님을 다 안다고 했지만 그들은 성경에 대해 무식했기 때문에 예수님을 제대로 안 것이 아닙니다. 예수님께서는 하나님의 아들이십니다. 그리고 하나님으로부터 보내심을 받아 이 세상에 오셨습니다. 예수님께서는 이것을 분명히 밝히셨습니다.

◈ 예수님께서는 하나님의 백성들을 그들의 죄에서 구원하시고 영생을 주시려는 하나님의 뜻을 이루시기 위해 인간의 육신을 입고 이 땅에 오신 그리스도이십니다.

◈ 예수님께서 자신을 나타내시고 가르치시자 무리 중에 많은 사람이 예수님을 믿으려 하였습니다. 무리 중에 많은 사람들이 예수께로 돌아섰으며 그들은 바리새인들의 전통적인 가르침을 저버리려 하였습니다. 바리새인들은 예수님에 대한 조속한 조치가 있어야 함을 알게 되었습니다. 그렇지 않으면 이 예수라는 자 때문에 자신들의 입지와 권위가 흔들리고 위험해지게 될 것이라는 불안이 엄습해 왔습니다. 예수님을 잡으려는 계획이 진행되고 있었으나 예수님은 계속하여 가르치셨습니다. 너희가 나를 찾을 것이나 너희가 올 수 없는 곳으로 가신다는 예수님의 말씀이 다시 한번 수수께끼가 되었습니다. 이 질문은 예수님이 부활하시고 하늘로 오르신 후의 일을 예언하신 것이었습니다.

기도하기

하나님 아버지, 예수님을 믿게 된 것, 예수님을 알게 된 것, 주님을 사랑하게 된 것이 얼마나 큰 축복인지 모릅니다. 하나님의 사랑을 날마다 체험하며 살 수 있도록 예수님의 이름으로 기도합니다. 아멘!

삶으로 쓰는 요한복음 이야기

누구든지 목마르거든 내게로 와서 마셔라

· 요한복음 7:37-39

예수님께서는 "누구든지 목마르거든 내게로 와서 마시라 나를 믿는 자는 성경에 이름과 같이 그 배에서 생수의 강이 흘러나오리라"고 말씀하셨습니다. "생수의 강"은 성령을 가리킵니다. 예수님께서는 사람을 차별하시지 않으십니다. 과거가 어떠하든지 예수님 앞에서 과거는 중요하지 않습니다. 현재가 중요합니다. 목마른 사람은 누구든지 하나님 앞으로 나아와서 마시라고 하셨습니다.

이 세상에는 목마른 사람이 참 많습니다. 죄 많은 세상, 고생 많은 세상에서 고통을 얼마나 많이 당합니까? 그래서 사람들은 마음이 사막처럼 메말랐습니다.

돈이 없기 때문입니까? 솔로몬은 인간에게 필요한 것은 모두 받아 누렸습니다. 그리고 하고 싶은 대로 다 하고 살았습니다. 그러나 솔로몬은 "헛되고 헛되며 헛되고 헛되니 모든 것이 헛되도다"(전도서[8] 1:2)라고 고백했습니다. 대궐 같은 집에서 돈을 쌓아 놓고 잘 먹고 잘산다고 해서 영적 문제가 해결되는 것은 아닙니다. 그러나 주님을 만나면 모든 것이 해결됩니다.

예수님께서는 생수의 강이 흘러나오는 축복을 어떤 사람에게 주십니

---

8) 전도서: 구약 성경의 시가서 가운데 한 책으로 전통적으로 솔로몬이 지은 것으로 알려짐

까? 예수님께서는 "내게로 와서 마시라"고 말씀하셨습니다. 그러므로 주님께 나아가야 합니다. 그리고 주님께 부르짖어야 합니다. 기도에 전심전력해야 합니다.

◆ **예수님은 목마른 사람이 예수님께 나아왔을 때 언제든지 환영해 주시고 마르지 않은 생수로 우리의 모든 몸과 마음과 영혼을 채워 주시는 분이십니다.**

◆ 예수님께서는 "내가 또 너희에게 이르노니 구하라 그러면 너희에게 주실 것이요 찾으라 그러면 찾아낼 것이요 문을 두드리라 그러면 너희에게 열릴 것이니 구하는 이마다 받을 것이요 찾는 이는 찾아낼 것이요 두드리는 이에게는 열릴 것이니라" 말씀하셨습니다. 간절히 찾는 자에게 성령을 주시겠다고 약속하셨습니다. 하늘 보좌 우편에 계신 예수님께서는 지금 우리와 성령으로 함께하십니다. 우리의 눈에는 보이지 않으시지만 제가 지금 읽고 있는 말씀 안에서 살아 계시고 제게 다가오시며 저를 끊임없이 사랑해 주십니다. 말씀과 기도를 통해 저는 주님을 믿고, 주님을 사랑하고 주님으로 인해 즐거워합니다. 성령께서 제 안에 임재하셔서 예수님을 환영하고 믿게 해 주십니다. 성령이 인도하시므로 예수님을 만나게 하시고 예수님과 대화하게 하심을 오늘 하루도 감사드립니다.

기도하기

아버지 하나님, 감사합니다. 오늘 주신 말씀을 꼭 붙잡고, 마음에 새기

삶으로 쓰는 요한복음 이야기

고, 성령 충만한 가운데 생수의 강이 항상 삶에서 흘러넘치도록 인도하여 주시기를 예수님의 이름으로 기도합니다. 아멘.

예수님을 올바로 아는 믿음

· 요한복음 7:40-53

어떤 이들은 예수님이 메시아 그리스도이심을 믿었지만 어떤 유대인들은 예수님이 갈릴리 출신이라는 것 하나만으로 예수님이 메시아이실리가 없다고 배척했습니다. 예수님 때문에 군중들은 서로 편이 갈리었습니다.

사무엘[9]과 이사야[10]에 따르면 메시아는 다윗의 씨에서 출생한다고 예언했습니다. 미가[11]는 메시아가 다윗의 고향인 베들레헴에서 날 것이라고 예언하였습니다. 예수님은 다윗의 가문에서 나오셨으며 베들레헴에서 태어나셨습니다. 그러나 무리들은 이러한 사실들을 무지하게 지나쳐 버렸습니다.

바리새인들은 대중들에게 예수님이 인기가 높은 것은 군중들이 무지하여 미혹되었기 때문이라고 설명하였습니다. 그들은 사람들이 율법을 알지 못하여 하나님의 저주 아래 놓인 것이라고 생각했습니다. 그러나 실제로는 바리새인들 자신들이 예수님 안에서 난 하나님의 계시를 거절함으로 인하여 하나님의 진노 아래에 놓인 것입니다.

---

9)   사무엘: 이스라엘의 마지막 사사로 사울과 다윗에게 기름 부어 왕으로 삼은 선지자
10) 이사야: BC 739-681년에 약 50년 동안 예루살렘에서 사역한 유다의 선지자
11) 미가: 미가서의 저자 이사야와 동시대에 활약한 선지자

삶으로 쓰는 요한복음 이야기

예수님 당시의 통치자들, 관리들, 지도자들은 예수님을 몰랐기 때문에, 영광의 주를 십자가에 못 박았습니다. 평소 그들은 메시아를 기다렸고, 그리스도가 오실 것을 고대했습니다. 그런데 막상 그리스도께서 오셨는데도, 그들은 예수님을 십자가에 못 박는 큰 죄를 범했습니다. 그들은 율법을 모르는 저주받은 사람들이라고 갈릴리 사람들을 경멸했고 예수도 그 갈릴리에서 자라셨기 때문에 믿지 않았습니다.

◈ **예수님은 우리를 죄에서 구원하시고 영원히 행복한 삶을 살게 해 주시기 위해서 이 땅에 오셔서 십자가의 사랑을 보여 주신 분이십니다.**

◈ 구원받는 믿음을 가지려면, 그리스도 예수를 아는 지식이 있어야 합니다. 예수님이 누구신지도 모르면서 예수님을 믿을 수 없기 때문입니다. 또 그리스도 예수를 아는 지식이 없는 사람은 예수님을 사랑하지 않습니다. 예수님의 말씀을 그대로 믿지 않을뿐더러 예수님의 말씀대로 살지 않습니다. 니고데모는 그 나라에서 비록 존경받는 선생이었지만 다른 산헤드린 회원들에게 모욕을 받았습니다. 예수님에 대한 그들의 편견과 증오심은 니고데모조차 무식한 갈릴리 사람으로 매도하였습니다. 지도자들이었던 대제사장들과 바리새인들은 예수님을 알지 못하고 오히려 예수님과 그를 따르는 사람들을 저주하고 멸시했습니다. 갈릴리에서는 예언자가 나오지 않는다는 것이 그들의 일관된 주장이었습니다. 관원들이나 바리새인 중에 예수를 믿는 자가 있느냐는 바리새인들의 질문은 그들의 자만심을 여실히 보여 주고 있었습니다. 미혹하는 자에게 넘어가지 않는다고 주장했

습니다. 바리새인들은 예수님의 큰 명성과 인기를 시기하여 예수님을 깎아내리는 데에만 급급했습니다.

기도하기

하나님 아버지, 오늘 저와 서현이가 예수님이 누구신지를 잘 알고 예수님의 사랑을 사람들에게 베풀며 저희 각자에게 주신 인생을 성실하게 살아갈 수 있기를 예수님의 이름으로 기도합니다. 아멘.

삶으로 쓰는 요한복음 이야기

"죄 없는 자가 먼저 돌로 치라"

• 요한복음 8:1-12

서기관들과 바리새인들이 음행 중에 잡힌 여자를 끌고 와서 가운데 세우고, 예수님께 "모세는 율법에 이러한 여자를 돌로 치라 명령하였는데 선생은 어떻게 말하겠습니까?"라고 질문했습니다.

그들이 그렇게 말한 이유는 예수님을 고소할 구실을 만들려고 예수를 시험한 것입니다. 만약 예수님께서 "죽이지 말라"고 하시면, 예수님께서 모세의 율법을 어기는 것이고, 예수님께서 "죽이라"고 말씀하셔서 돌로 쳐 죽이면, 예수님께서 로마법을 어기는 것입니다. 로마법에 사람을 죽이는 것은 로마 정부의 허락을 받아야 했습니다. 그러니 예수님께서 돌로 치라 할 수도 없고, 치지 말라 할 수도 없었습니다.

예수님께서는 그 자리에 있던 사람들에게 "너희 중에 죄 없는 자가 먼저 돌로 치라"고 말씀하셨습니다. 아무리 의롭게 보이고 거룩해 보여도, 죄 없는 사람은 이 세상에 한 사람도 없습니다. 양심이 바른 사람이라면, 자신이 죄인임을 고백할 수밖에 없습니다. 예수님께서는 다시 몸을 굽혀 손가락으로 땅에 뭔가 쓰셨습니다. 놀라운 일이 일어났습니다. 사람들이 하나씩 둘씩 그 자리를 떠났습니다. 양심의 소리가 그들을 두렵게 했기 때문입니다. 마지막으로 예수님과 여자만 남았습니다. 예수님께서는 이 여자에게 "나도 너를 정죄하지 않는다. 가거라. 그리고 다시는 죄를 짓지 마라" 하고 말씀하셨습니다.

◈ 예수님은 모든 사람들의 마음에 양심을 일깨우시고 진리로 인도하
시는 분이시며 우리의 모든 죄를 정죄하지 않으시고 사랑으로 다 용
서해 주시는 분이십니다.

◈ 예수님 외에는 누구도 판단하거나 비판할 수 없습니다. 우리는 모두
똑같은 죄인이기 때문입니다. 다른 사람을 비방하거나 비판하거나
판단해서는 안 됩니다. 우리도 같은 죄를 범하기 쉬우므로 우리 자
신을 돌아보아야 합니다. 그래서 시험을 받지 않도록 해야 합니다.
양심은 마음에 새겨진 율법이라고 할 수 있습니다. 양심은 우리의
마음에 들리는 하나님의 음성이라고 할 수 있습니다. 그래서 사람은
바르게 살면 마음이 평안하고 행복해집니다. 그러나 바르게 살지 않
으면, 마음이 평안하지 않습니다. 두려움이 생기고, 불안함이 생기
고, 걱정이 많아집니다. 그러므로 하나님 앞에 나아와 모든 죄를 철
저히 회개해야 합니다. 하나님께서는 우리가 진심으로 회개할 때 무
조건 용서하십니다. 그리고 회개한 사람의 죄는 기억하시지도 않으
십니다. 또한 죄 가운데 있을 때에 잃어버렸던 것들을 다 회복시켜
주시고, 그때 받은 상처를 싸매 주십니다.

기도하기

하나님 아버지, 주님께 돌아오기만 하면 사는 길이 열린다는 것을 믿고,
저와 서현이가 늘 주님의 품 안에서 살아갈 수 있기를 예수님의 이름으로
기도합니다. 아멘!

삶으로 쓰는 요한복음 이야기

나는 세상의 빛이라

• 요한복음 8:12-20

예수님께서는 "나는 세상의 빛이니 나를 따르는 자는 어둠에 다니지 아니하고 생명의 빛을 얻으리라"고 말씀하셨습니다. 이 말씀은 복음입니다. 죄악으로 인해 어두워진 이 세상에서 절망 가운데 사는 우리에게 희망을 주는 복음입니다.

악과 죄악, 무지의 상징인 어둠에 싸여 있던 세상에 예수님이 오셔서 빛이심을 증거하신 것입니다. 성경에서 "빛"은 하나님과 그의 거룩함의 상징입니다. 예수님은 단순히 많은 빛들 중 하나의 빛이 아닌 유일한 "그 빛(The Light)"이십니다. 그분은 온 세상을 위한 "참빛"이십니다. 예수께서 "나를 따르는 자는"이라고 말씀하신 것은 누구든지 그분을 믿고 따를 수 있음을 뜻합니다. 그리스도께로 오면 전혀 다른 삶을 살게 될 것임을 말씀하시고 있는 것입니다. 예수님께서는 혼자 증언하시는 것이 아닙니다. 하나님 아버지께서도 똑같이 증언하시기 때문에 예수님께서는 당신의 증언은 참되다고 말씀하셨습니다.

이 세상을 보면, 희망이 없습니다. 인간은 점점 타락하여 하나님의 심판을 재촉하고 있습니다. 자연재해가 점점 더 강해지는 것을 보면, 하나님의 심판의 때가 다 되었음을 알 수 있습니다. 그러나 마지막 때, 환난의 때, 심판의 때에는 하나님께서 예수님을 믿는 사람들을 특별히 보호하십니다. 영안이 어두운 바리새인들은 하나님께서 예수님과 함께하시는 것을 알지 못했습니다. 그래서 예수님의 겉모습만 보고 판단했습니다. 지금의 이 세상도 마찬가지입니다. 예수님을 믿지 않는 사람들은 예수님께서 하나님이신 것과 하나님의 아들이신 것을 알지 못하고 믿지 못하여 멸망의 길을 걸어갑니다.

◆ **예수님은 하나님의 백성들을 그들의 죄에서 구원하시기 위해 이 세상에 빛으로 오신 분이십니다.**

◆ 세상의 빛으로 오신 예수님께 깊이 감사드립니다. 예수님을 알지 못했다면 아직도 어둠 가운데 죄의 무게에 짓눌려 불행하게 살았을 것이라 생각하니 정말 감사할 뿐입니다. 세상은 악과 죄악, 무지의 상징인 어둠에 싸여 있습니다. 하나님의 아들이신 예수님께서는 죄악으로 인해 멸망할 수밖에 없는 우리를 구원하시기 위해 육신을 입으시고 세상의 빛으로 우리에게 오셨습니다. 예수님은 사람들을 심판하러 오신 것이 아니고 그들을 구하러 오셨습니다. 장차 심판하실 때에는 단순히 진리와 법에 따른 아버지의 뜻을 따르실 뿐입니다. 당신 자신은 아무도 판단하지 않으십니다. 세상에 오신 예수님께 깊이 감사드립니다.

기도하기

아버지 하나님, 감사합니다. 예수님은 우리의 어둠과 죄를 물리쳐 주시는 참빛으로 세상에 오셨습니다. 갈수록 말세의 현상이 눈에 띄게 나타나는 이 시대를 본받지 말고 오직 마음을 새롭게 하므로 변화를 받아서 분별력을 가지고 살아가기를 예수님의 이름으로 기도합니다. 아멘.

나를 보내신 분, 위에서 오신 분

· 요한복음 8:21-30

예수님이 십자가로 가실 때가 점점 가까워져 갔습니다. 이제 곧 예수님께서는 아버지께로 돌아가실 것이고 그러면 사람들은 그곳까지 더 이상 그분을 따라갈 수가 없게 됩니다. 그리고 예수님을 배척한 죄 아래에서 머물며 죽게 될 것입니다. 육신의 죽음은 하나님과 그들의 영원한 결별의 전주곡이 될 것입니다.

유대인들은 예수님이 "내가 가는 곳에는 너희가 오지 못하리라"고 하신 것을 자살이라도 하려는가 오해했지만 이 말씀은 역설적인 예언이 되었습니다. 예수님은 자살을 하신 것은 아니지만 자기 목숨을 버리셨기 때문입니다.

예수께서는 당신이 위(하늘)로부터 오셨다는 것과 예수님의 진정한 거처는 하늘이심을 밝히셨습니다. 또 예수님께서는 그 사실을 그들이 믿지 않는다면 그들은 죄 가운데서 죽으리라고 말씀하셨습니다. 그들이 죄인인 것을 부인하고 예수님을 배척한다면 유일한 구원의 희망을 놓치게 되는 것입니다.

예수님은 구약 성경에서 지칭하는 바로 '그 선지자'가 자신이라고 하셨습니다. 예수님이 세상에 오신 목적은 이 세상에 그를 보내신 이 곧 하나님 아버지의 뜻을 전하러 오신 것입니다. 그러나 아버지에 대하여 예수님이 말씀하고 계신 것을 무리들은 깨닫지 못하였습니다. 오직 십자가에 달리신 후에야 그들은 예수님의 진실한 존재를 깨닫게 되었습니다.

예수님을 이 세상에 보내신 하나님 아버지께서는 예수님을 혼자 두시지 않으셨습니다. 예수님과 언제나 함께하셨습니다. 예수님께서는 언제나 하나님께서 기뻐하시는 일을 행하셨습니다. 예수님은 언제나 하나님 중심으로 생각하시고, 하나님의 뜻대로 행하시려고 하셨습니다.

◈ **예수님은 하늘 위에서 오셔서 인류 구원을 향한 하나님의 뜻을 다 이루시고, 부활하시어 하나님 아버지께로 돌아가신 분이십니다.**

◈ 예수님의 말씀은 유대인들을 당혹케 할 뿐이었습니다. 사람들은 지금은 예수님을 알지 못했습니다. 오직 십자가에 달리신 후에야 예수님이 메시아이셨음을 깨닫게 될 것입니다. 예수님과 아버지와의 연합은 사랑과 끊임없는 복종의 연합입니다. 비록 사람들이 배척하였지만 아버지께서는 아들을 절대로 포기하지 않으십니다. 범람하는 불신앙과 공적인 배척에도 불구하고 예수님의 사역은 많은 이들을 신앙으로 이끌었습니다.

기도하기

하나님 아버지, 하늘로부터 오신 예수님 때문에 위에 속한 사람들이 될 수 있게 된 것에 깊이 감사드립니다. 천국 시민권을 지니고 있는 당당한 하나님 나라의 백성이 된 것이 자랑스럽고 감사합니다. 이 사실을 언제나 믿고 잊지 않게 되기를 간절히 기도드립니다. 늘 하나님께서 기뻐하시는

것을 행하며 살 수 있도록 인도하여 주시기를 예수님의 이름으로 기도드
립니다. 아멘!

삶으로 쓰는 요한복음 이야기

진리가 너희를 자유롭게 할 것이다

• 요한복음 8:31-41

　예수님께서는 "너희가 나의 가르침을 꼭 붙들고 있으면 진정 나의 제자이다. 그때에 너희는 진리를 알게 되고, 진리가 너희를 자유롭게 할 것이다"라고 말씀하셨습니다. 진리 안에 거하는 것은 제자 됨의 표지입니다. 진실로 예수님의 말씀에 거하면 그를 믿는 자들은 구원의 진리를 발견하게 될 것입니다. 이러한 구원의 진리를 알게 되면 그들은 죄의 굴레에서 벗어나게 될 것입니다.

　그러나 예수님을 믿지 않는 유대인들은 그리스도의 말씀을 이해하지 못하고 있었습니다. 그들은 자신들이 죄의 종인 것을 몰랐습니다. 그들은 자신들이 아브라함의 자손으로 자유한 사람들이라고 주장하였습니다. 그러나 죄를 범하는 바로 그 행위 자체가 죄를 범한 사람이 죄의 권세 아래 있다는 것을 나타내는 것입니다.

　예수님의 말씀을 반박하기 위하여 유대인들은 아브라함이 자신들의 영적인 아버지라고 주장하였지만 예수께서는 아브라함의 영적인 자손이라면 하나님을 믿고 순종할 것이라고 답하셨습니다. 육체적인 면에서 본다면 유대인들은 물론 아브라함의 자손입니다. 그러나 그들이 아브라함이 믿는 하나님의 참아들이신 예수님을 죽이려 함으로써 그들이 영적으로는 아브라함의 자손이 아님을 스스로 증명한 것입니다.

예수님께서는 아버지에게서 본 것을 말씀하셨습니다. 그러므로 그분의 말씀은 하나님의 진리이십니다. 그러나 사람들은 자신들의 아비인 사탄의 말을 들었으므로 그 말씀을 이해하지도 못하고, 인정할 수도 없었습니다. 예수님께서는 그들의 아비가 누구인지 구체적으로 말씀하시지는 않으셨지만 그 뜻하시는 바는 확연합니다.

예수 그리스도는 진리이시며, 우리를 자유하게 하실 분은 진리이신 예수님밖에 없습니다. 죄의 종노릇하던 우리를 예수님께서 자유롭게 하시면, 우리는 자유로워집니다. 하나님의 말씀이 곧 진리입니다. 하나님의 말씀대로 사는 자가 진리를 아는 자입니다. 예수님께서는 죄로 인해 멸망할 우리를 자유롭게 하시려고 십자가를 지셨습니다. 예수님으로 인해 우리는 죄를 용서 받았고, 자유함을 얻었습니다.

◆ 길이요, 진리요, 생명 되시는 예수님은 우리를 죄에서 해방시켜 주시고, 우리에게 자유를 주신 분이십니다.

◆ 우리가 주님의 말씀 안에 거하면, 우리는 주님의 참제자가 된다고 하셨습니다. 또 말씀 안에 거하게 되면 진리가 무엇인지 알게 됩니다. 그래서 진리가 자유롭게 하는 것을 경험하게 되면 다시는 죄의 종이 되지 않고, 돈의 종이 되지 않고, 세상의 종이 되지 않으며 참자유자가 되어 갑니다. 예수님의 가르침에 순종할 때에 진리를 알게 될 것이고 진리가 우리를 자유롭게 할 것입니다. 참자유는 진리를 알 때에 누릴 수 있고, 진리는 예수님께 순종할 때에 알 수 있습니다. 결국 예수님께 순종할 때 참자유를 누릴 수 있게 됩니다. 그러므로 항상

주님의 말씀을 따르고, 주님의 말씀을 믿고 말씀대로 살아서 참자유를 누릴 수 있도록 힘써야 할 것입니다.

기도하기

하나님 아버지, 저희들에게 하나님의 말씀 안에 있는 것이 바로 진리임을 가르쳐 주셔서 감사합니다. 저와 서현이가 예수님의 말씀이 진리인 것을 항상 믿으며 예수님이 인도하시는 말씀의 길을 걸으며 축복의 길을 갈 수 있도록 예수님의 이름으로 기도합니다. 아멘.

너희 아버지는 마귀다

· 요한복음 8:41-50

유대인들은 하나님만이 자신의 아버지라고 주장했지만 예수님께서는 만약 그들의 아버지가 하나님이시라면 그들이 예수님을 사랑하게 되었을 것이라고 말씀하십니다. 만약 유대인들이 진실로 하나님을 그들의 아버지로 모시고 진정으로 그분을 사랑하였다면 그들은 예수님이 하나님께로부터 나셨음으로 인하여 예수님을 사랑하였을 것입니다. 다시 한번 예수님께서는 하나님의 대리자로서 당신의 위치를 확정하고 계십니다.

마귀는 생명과 진리의 적입니다. 그는 거짓말로 인류에게 영적, 육체적 죽음을 가져왔습니다. 마귀는 아직도 진리를 왜곡시키며 진리와 생명의 원천이신 하나님으로부터 사람들을 떨어져 나오게 하려고 합니다. 이 유대인들이 예수님의 죽음을 원하며 진리를 버리고 거짓을 품었기에 그들이 마귀와 그 욕망에 가족과 같은 유대를 가진다는 것이 명백해졌습니다.

유대인들과는 대조적으로 예수님은 진리 안에 사시며 진리를 선포하셨습니다. 예수님을 믿지 않는 불신자들은 빛이 아닌 어둠, 실체가 아닌 거짓을 사랑하기에 예수님을 배척했습니다.

예수님에 대한 많은 고발이 있어 왔지만 그러나 그분은 항상 하나님이 기뻐하시는 일을 행하시므로 예수님은 아주 작은 흠 하나도 찾을 수 없으신 완전한 분이십니다. 하나님의 말씀을 듣는 것은 귀로 들을 수 있는 소리를 분별하는 것이 아니고 하나님의 명령에 순종하는 것입니다. 예수님의 말씀을 듣고도 하나님의 말씀이 아니라고 부인하는 것은 그들이 하나님께 속하지 않았다는 명백한 증거입니다.

예수님이 그렇게 말씀하시자 유대인들은 예수님을 사마리아 사람이라고 하며 귀신이 들렸다고 비난과 온갖 모욕을 퍼부었습니다. 예수님의 말씀은 결코 귀신 들린 사람의 말이 아니었습니다. 예수님은 스스로를 높이지 않으시며 오직 하나님의 영광만을 구하려 하셨습니다. 그러므로 예수님을 무시하는 태도는 곧 아버지를 공격하는 것과 같았습니다. 예수님은 비록 사람들이 아들을 잘못 판단한다 하더라도 하나님께서 사람들의 판결을 거슬려 예수님을 옹호할 것임을 아셨기에 하늘 아버지의 판단에 모든 것을 맡기셨습니다.

◈ **예수님은 하나님의 말씀을 믿고 예수 그리스도를 영접하는 자를 끝까지 지켜 주시고 보호하시는 분이십니다. 또 사랑을 부어 주셔서 따뜻하고 사랑이 풍성한 하나님의 자녀로 만들어 가시는 분이십니다.**

◈ 예수님을 믿게 된 것은 하나님이 우리에게 주신 특별한 은혜입니다. 아무리 믿고 싶어도 믿어지지 않아서 믿지 못하는 사람들이 세상에 많기 때문입니다. 예수 그리스도를 믿고 따르게 된 것에 깊이 감사드립니다. 또 이렇게 매일 말씀을 묵상하며 주님이 베풀어 주시는 사랑을 느낄 수 있다는 것이 너무나 감사합니다. 앞으로 예수님만 의지하고 이 험난한 세상의 모든 풍파를 견디며 승리할 수 있기를 예수님의 이름으로 기도합니다. 아멘.

하나님 아버지, 하나님을 아버지라고 부를 수 있게 되어 너무나 기쁘고 감사합니다. 또 예수님을 믿고 사랑할 수 있게 된 것이 얼마나 좋은지 모르겠습니다. 저와 서현이가 앞으로 하나님을 아버지로 부를 수 있게 해주신 예수님을 따르고 의지하며 이 험난한 세상의 모든 풍파를 견디며 승리할 수 있기를 예수님의 이름으로 기도합니다. 아멘.

하나님이 하시는 일

· 요한복음 9:1-12

예수께서 예루살렘의 길을 가실 때에 날 때부터 소경된 사람을 보셨습니다. 예수님의 제자들은 맹인을 보고 예수님께 이 사람이 누구의 죄 때문에 이렇게 맹인이 되었느냐고 물었습니다. 제자들은 날 때부터 맹인 된 사람은 저주 받은 사람이라고 생각했기 때문에 예수님께 이렇게 질문했을 것입니다.

제자들의 질문에 예수님께서는 이 사람이 맹인이 된 것은 이 사람의 죄도 아니고 그 부모의 죄도 아니고 하나님께서 하시는 일을 나타내시려는 것이라고 말씀하셨습니다. 예수님께서는 "도대체 죄를 얼마나 많이 범했기에 이 모양이냐", "무슨 죄를 범했느냐"라고 물어보시지 않으셨습니다. 탕자가 돌아왔을 때에도 그에게 "네가 무슨 짓을 하다가 왔느냐", "도대체 얼마나 많은 죄를 범했느냐"라고 묻지 않으셨습니다.

예수님께서는 죄인인 우리의 죄를 대속하시고, 죄로부터 우리를 구원하시려고 이 세상에 오셨습니다. 예수님께 나오면, 맹인의 눈을 뜨게 하시고, 못 걷게 된 자를 일어나게 하시고, 중풍병자를 고쳐 주십니다.

예수님께서 이 세상에 오셔서 하신 일은 곧 하나님께서 하시는 일입니다. 하나님께서는 우리를 구원하시기 위해 독생자를 세상에 보내셔서 하나님의 백성을 구원하셨습니다. 이것이 하나님의 일입니다.

예수님께서는 지금은 낮이지만 밤이 오면 일을 할 수 없다고 하시고 내가 세상에 있는 동안에는 내가 세상의 빛이라고 말씀하셨습니다. 예수님은 하나님의 일을 하시기 위해서 세상에 빛으로 오신 하나님의 독생자이십니다.

◈ **예수님은 죄로부터 우리를 구원하시는 하나님의 일을 하시기 위해서 세상의 빛으로 오신 분이십니다.**

◈ 예수님은 하나님의 일을 하시기 위해 세상의 빛으로 오셨습니다. 우리가 구원받은 것은 나의 공로로 된 것이 아니라 전적으로 하나님의 은혜의 선물입니다. 또한 오늘 말씀을 통해서 모든 일은 때가 있음을 알게 됩니다. 공부할 때가 있고 일할 때가 있듯이 무엇이든 해야 할 때를 잘 알아서 하나님이 기회를 주실 때 그 기회를 잘 잡아서 공부든 일이든 해야 하겠습니다. 예수님의 말씀을 항상 기억하며 붙들고 계속 잘 할 수 있도록 기도해야 할 것입니다. 지금이 어떤 때인지를 잘 분별하여 저희들에게 주어진 삶을 성실하게 살아갈 수 있기를 간절히 기도합니다.

기도하기

하나님 아버지, 저와 서현이가 예수님의 말씀대로 선물로 주신 구원의 은혜를 기쁘게 누리며 지금이 어떤 때인지를 잘 분별하여 저희들에게 주어진 삶을 성실하게 살아갈 수 있기를 간절히 기도합니다. 또 서현이가 열심히 공부해서 간호사의 꿈을 꼭 이룰 수 있기를 간절히 기도합니다. 예수님의 이름으로 기도합니다. 아멘!

삶으로 쓰는 요한복음 이야기

완고한 사람들

• 요한복음 9:13-25

    사람들은 맹인이 눈을 뜬 기적이 너무도 신기하고 놀라워 이 사람을 종교 지도자인 바리새인에게 데리고 갔습니다. 바리새인들에게 안식일에 병을 고치기 위해 진흙을 이기는 행위는 생명이 위험에 처할 경우가 아니면 안식일 율법을 어기는 것이었습니다. 바리새인들은 예수님께서 안식일을 지키지 않기 때문에 예수님은 하나님으로부터 온 사람이 아니라고 생각했습니다. 어떤 사람은 보통 사람이 사람의 눈을 어떻게 뜨게 할 수 있느냐, 하나님께로부터 오신 메시아가 아니면 이런 일을 할 수 없다고 했습니다. 이렇게 바리새인들 사이에는 분쟁이 있게 된 것입니다.

    그래서 바리새인들은 맹인의 부모에게 사람을 보내 물어보게 하였습니다. 그러나 맹인의 부모들은 그들의 질문에 답하기를 두려워했습니다. 예수가 그리스도라고 말하는 자들을 회당에서 쫓아내기로 결정하였기 때문입니다. 그러자 바리새인들은 이번에는 맹인이었다가 보게 된 그 사람을 두 번째로 다시 만나서 그의 병을 고친 예수는 죄인이라고 못을 박았습니다. 그러나 맹인이었던 사람은 하나님으로부터 온 메시아가 아니면 어떻게 이런 일을 할 수 있겠느냐 말하며 예수님이 맹인이었던 자신을 고치신 분이 확실하다고 증언했습니다.

◆ **예수님은 안식일의 주인이시며 인류를 구원하시려는 하나님의 뜻을 행하시기 위하여 세상에 오신 분이십니다.**

◆ 유대인들은 안식일(주일)의 참의미를 망각한 채 형식적, 위선적으로만 지키려고 했고 자신들의 뜻에 맞지 않는 예수님을 죽이려 했습니다. 성경에 능통했다고 하는 유대인들은 정작 하나님의 말씀을 몰랐습니다. 오늘 말씀을 통해 믿음은 진실해야 하고 형식적이어서는 안 되며 솔직해야 한다는 것을 알게 됩니다. 또 예수님을 진심으로 믿고 영접한 사람은 예수님을 사랑하게 되고, 예수님을 기쁘시게 해 드리고 싶어 하며 예수님의 말씀대로 살아가려고 애를 씁니다. 그리고 그렇게 살아가려고 해도 실패하고 죄를 짓는 것에 대해 진심으로 회개합니다. 믿음을 올바로 갖기 위해서는 하나님의 말씀을 똑바로 알고 말씀대로 행해야 합니다. 맹인은 바리새인의 질문에 출교를 당할 것을 각오하면서도 자신을 고치신 예수님을 사실대로 증거했습니다. 자신이 확실히 알고 있는 것을 부인하지 않고, 인정하는 것은 믿음을 가지게 되는 첫 출발이 될 것입니다.

기도하기

하나님 아버지, 안식일에 대한 참된 의미를 알지 못한 유대인들은 지금까지 죄 없는 예수님을 죄인 취급하고, 하나님으로부터 오신 분임을 믿지 아니하며 오늘날까지도 구원받지 못하는 것을 봅니다. 예수님을 바르게 아는 믿음을 가지기를 기도합니다. 말세에 끝까지 견디며 예수님을 바르게 믿을 수 있도록 도와주시기를 예수님의 이름으로 기도합니다. 아멘.

삶으로 쓰는 요한복음 이야기

"주님, 제가 믿습니다"

• 요한복음 9:26-41

맹인이었다가 다시 보게 된 그는 태어날 때부터 맹인이었던 사람이 눈을 뜨게 된 경우를 본 적이 없다고 말하며 예수님이 하나님께로부터 온 분이라고 두둔하자 그에게 모욕을 받았다고 느낀 바리새인들은 자신들은 모세의 제자라고 화를 내며 그 사람을 쫓아버렸습니다.

예수님께서는 맹인이 출교당했다는 소식을 들으시고 그 맹인을 다시 찾으셨습니다. 그리고 예수님 자신이 그리스도이심을 계시하시며 그가 믿음을 가질 수 있도록 인도하셨습니다. 그 사람은 예수님께 믿음으로 응답하며 구원을 받게 되었습니다.

본문에 나오는 맹인은 복 받은 사람입니다. 그는 예수님을 만나 육신의 눈을 떴을 뿐 아니라 예수님을 믿고 구원받았습니다. 그가 복을 받은 이유는 예수님의 말씀에 순종했기 때문입니다. 하나님의 말씀이 완전하게 믿기지 않고 자꾸 의심이 생겨도 일단 순종하면 믿게 되고 복을 받습니다. 이것은 하나님의 약속입니다. 맹인이었던 사람은 기도 응답의 비밀을 알았습니다. 그리스도 앞에서 자신이 죄인임을 인정하고 순종하는 자의 기도가 응답된다는 것을 알았습니다. 하나님의 뜻대로 행하는 자의 기도가 응답된다는 것을 알았습니다. 맹인이었던 사람은 예수님이 하나님으로부터 오신 메시아이심을 알았습니다. 하늘로부터 오신 주가 자신의 눈을 뜨게 해 주셨다는 것을 믿었습니다.

◆ **예수님은 우리의 모든 어려움을 빠짐없이 다 살피시며 어려울 때마다 찾아오셔서 우리를 위로하시고 구원으로 이끌어 주시는 사랑이 풍성한 분이십니다.**

◆ 맹인이었던 사람은 순종하여 복을 받았습니다. 어떠한 어려운 상황 속에서도 포기하거나 원망하지 말고 순종하면 축복을 받는다는 것을 오늘 말씀을 통해 또 깨닫게 됩니다. 우리가 주님을 만나 믿게 된 후에도 어려운 시험을 당할 때가 있습니다. 그래도 낙심하지 말고 기도하면 주님께서 함께하십니다. 그러므로 낙심하지 말고 주님이 항상 함께해 주셔서 모든 어려움을 물리치게 될 것을 믿어야 할 것입니다. 오직 주님만 바라보아야 하겠습니다. 세상을 바라보면, 믿음이 없어지고 걱정만 하게 됩니다. 그러나 주님을 바라보면, 믿음이 살아나고 소망이 생기고 마음이 평안해지고 담대해집니다.

기도하기

하나님 아버지, 감사합니다. 오늘 주신 말씀으로 이 세상을 살아가며 모든 어려움과 고난을 물리치고 승리하게 도와주옵소서. 이 세상은 하나님의 손에 있습니다. 우리가 언제나 주님만 바라보며 승리하게 도와주십시오. 예수님의 이름으로 기도합니다. 아멘!

삶으로 쓰는 요한복음 이야기

목자와 양

• 요한복음 10:1-6

　참목자이신 예수님께서는 양들을 찾아 구원을 베풀어 주시기 위해 세상에 오셨습니다. 양이 있는 곳에 양들과 함께 있는 사람은 목자입니다. 그런데 본문에 보면, 목자만 양과 함께 있는 것이 아니라, 절도자와 강도도 양과 함께 있다고 예수님께서 말씀하셨습니다.

　절도자와 강도가 양들과 함께 있으면 양들이 위험합니다. 절도자와 강도는 양을 사랑하지 않습니다. 절도자와 강도는 목자가 잠시 자리를 비우거나 할 때 양들을 잡아 팔아넘기거나 양들을 잡아먹으려고 생각합니다.

　절도자와 강도들은 겉과 속이 달랐습니다. 그들은 나쁜 목적을 가지고 양의 우리에 왔습니다. 양의 목자나 문지기가 양의 우리에 없을 때에 도둑질하려고 몰래 와서 다른 데로 넘어 들어가 양들을 훔쳐 갔습니다.

　그러나 양들을 사랑하고 돌보는 양의 목자는 문으로 들어갑니다. 양들은 자기 목자의 음성을 안다고 하셨습니다. 양은 청각이 발달하여 목자의 음성을 듣고 자기 목자인지 아닌지를 분별합니다.

　양의 목자가 우리의 문을 열고 양들의 이름을 부르면, 양들은 자기 목자의 음성을 알아듣기 때문에 목자를 따릅니다. 양들은 흩어져 풀을 뜯어먹다가도 목자의 음성을 들으면, 목자의 음성을 따라 모여서 목자를 따릅니다.

　맹인이었다가 눈을 뜬 사람은 예수님의 말씀을 듣고 예수님께서 참목자이심을 깨달았습니다. 그래서 그는 예수님을 믿었고, 예수님을 따랐습니다. 그러나 맹인이었다가 눈을 뜬 사람과 함께 있었던 바리새인들은 예수님께서 참목자이신 것을 깨닫지 못했습니다.

◆ **예수님은 선한 목자이시므로 양들보다 앞서가며 양들을 좋은 길로 인도하시는 분이십니다. 선한 목자 되시는 예수님께서는 말씀만 하시는 분이 아니고 직접 행하시며 본을 보이시며 우리를 좋은 길로 인도하십니다.**

◆ 우리는 누가 우리의 참목자인지, 누가 절도자와 강도인지 똑바로 분별해야 합니다. 우리는 예수님을 바로 알고, 진리를 바로 알아서 올바르게 분별해야 합니다. 하나님께서는 한번 택하신 우리를 버리시지 않으시고, 우리를 떠나시지 않으십니다. 지금은 마지막 때입니다. 우리의 원수 마귀는 자기의 때가 얼마 남지 않은 것을 알고, 우는 사자같이 두루 다니며 삼킬 자를 찾고 있습니다. 그러므로 우리는 항상 깨어 기도하며 성령 충만한 사람이 되어야 합니다. 세상에서 나를 유혹하고 흔들리게 하는 미혹의 영을 분별하고 진리로 무장하여 끝까지 승리해야 합니다.

기도하기

하나님 아버지, 선한 목자 되신 주님의 음성을 듣기 위해서는 항상 말씀을 가까이하고 예수님의 말씀대로 행할 수 있기를 간절히 원합니다. 예수님의 이름으로 기도합니다. 아멘.

선한 목자이신 예수님

• 요한복음 10:7-18

이제 예수님은 목자와 양의 비유를 또 다른 면에서 발전시키십니다. 목자들은 자기 양을 다 내놓은 후에 양들을 초장으로 인도합니다. 그 초장 가까이에는 양들을 보호하기 위한 담장이 있습니다. 목자들은 그 입구에 자리를 잡고 그곳을 문으로 사용하였습니다. 양들은 그 담장 앞의 초장으로 나아갈 수도 있었으며 혹 그것이 두려우면 담장 안의 안전한 곳으로 들어올 수 있었습니다. 예수님께서 나보다 앞에 온 사람은 절도자며 강도라고 하신 것은 백성들의 영적인 양식을 돌보지 않고 자신들의 것만을 생각하는 그 민족의 지도자들을 가리킨 것입니다.

예수님께서는 내가 문이니 누구든지 나로 통해서 들어가면 구원을 받고 또는 들어가며 나오며 좋은 목초를 얻으리라고 말씀하셨습니다. 양과 목자는 문을 통해 우리에 드나들지만 도둑이나 강도는 문이 아닌 다른 곳으로 드나듭니다. 양의 문이신 예수님께 나아오는 자는 구원받습니다. 양의 문이신 예수님을 통해서만 구원받습니다. 도둑은 양을 사랑하지도 않고 양을 지키거나 보호하려고 하지 않습니다. 도둑은 양을 도둑질하고 죽이고 멸망시키려고 합니다.

선한 목자이신 예수님은 양들을 위하여 목숨을 버리십니다. 그러나 품삯을 받고 양을 지키는 사람은 오직 돈을 버는 일과 자기 안전에만 관심을 가집니다. 그들은 늑대가 오면 양들을 두고 달아나 버립니다. 그러나 선한 목자이신 예수님은 우리 안의 양들인 주님의 백성들을 돌보실 뿐 아니라 우리 안에 있지 않은 양들인 이방인들까지도 안전하게 인도하십니다.

◈ **예수님은 선한 목자로 이 세상에 오셔서 양들에게 생명을 얻게 하고 더 풍성히 얻게 해 주시는 분이십니다.**

◈ 선한 목자이신 예수님은 양들을 위해서 목숨을 버리십니다. 거짓 목자들은 양의 문이 아닌 다른 곳으로 도둑처럼 들어와서 우리의 믿음을 도둑질하고 멸망하게 하려고 다가옵니다. 거짓 목자들은 자신만을 배불리려 하며 양들을 돌보지 않습니다. 자신들이 위험에 처하면 언제든지 양들을 버리고 도망갑니다. 그러나 선한 목자 예수님께서는 우리에게 생명을 풍성히 얻게 하시려고 이 세상에 오셔서 끝까지 양들을 돌보십니다. 연약한 우리를 위해 언제나 굳건히 잡아 주시고 성령으로 이끌어 주십니다. 오늘도 나를 이끌어 주시는 선한 목자이신 예수님께 감사드리고 주님을 사랑한다고 고백해 봅니다. 주님 사랑합니다!

기도하기

아버지 하나님, 감사합니다. 환난이 심하고 어려움이 많은 이때에 오늘 주신 말씀을 붙잡고, 선한 목자 되신 주님께서 끝까지 우리를 지키시고 우리와 함께하신다는 것을 믿고, 승리의 확신을 가지고 살게 도와주시기를 예수님의 이름으로 기도합니다. 아멘!

삶으로 쓰는 요한복음 이야기

예수님을 믿지 않는 사람들

• 요한복음 10:19-29

예수님의 가르치심에 적대적인 많은 사람들은 예수님을 귀신 들린 자라고 비난했습니다. 그러나 다른 사람들은 어떻게 귀신 들린 사람이 맹인의 눈을 뜨게 할 수 있느냐며 예수님을 따랐습니다.

수전절[12]이 다가오자 솔로몬 행각에 계신 예수님께 사람들이 몰려들었습니다. 사람들은 예수님께 당신이 그리스도라면 자신의 신분을 밝히라고 종용했습니다. 이에 예수님은 내가 행한 일이 내가 아버지께로부터 온 명백한 증거라고 말씀하셨습니다.

예수님께서는 "너희는 나의 양이 아니므로 믿지 않는다. 내 양은 내 음성을 들으며 나는 그들을 알며 그들은 나를 따른다"고 하셨습니다. 예수님의 양들은 그분의 가르침을 따릅니다. 그들은 그 음성을 들으며 예수님과 친밀한 관계를 갖습니다. 그들은 그분의 구원 메시지를 이해하여 예수님을 따릅니다. 그분을 따른다는 것은 예수님과 같이 아버지의 뜻에 복종하는 것을 뜻합니다. 이것은 구원을 얻고자 예수님을 믿는 사람은 결코 잃어버리지 않을 것임을 나타내는 성경에서 가장 명백한 구절 중 하나입니다. 신자들도 죄를 짓고 넘어질 수 있으나 완전한 목자 되신 예수님은

---

12) 수전절: BC 164년 유다의 마카비가 군사를 일으켜 헬라 제국의 지배에서 벗어나고 예루살렘 성전을 탈환한 역사를 기념한 날 히브리어로는 '하누카'라고 함

그의 양 중 아무도 잃지 않으십니다. 영생은 선물입니다. 한번 그것을 소유한 사람은 영원히 소유하게 됩니다. 아무도 아버지의 손에서 예수님의 양들을 빼앗을 수가 없습니다. 예수님의 양들을 위한 하나님의 구원 계획은 결코 실패할 수 없습니다.

◆ **예수님은 창세전에 나를 택하시고, 나의 죄를 대속하시기 위해 친히 이 세상에 오셨습니다. 나를 하나님의 자녀가 되게 하시고, 영생을 주셨으며 아버지의 손에서 아무도 빼앗지 못하게 지켜 주시는 분이십니다.**

◆ 하나님 아버지께서는 우리에게 영생을 주셨고, 영원히 멸망하지 않게 하셨기 때문에 하나님의 손에서 아무도 우리를 빼앗을 수 없습니다. 나 혼자 있으면, 혼자 어려움을 겪고, 고민해야 하겠지만 하나님께서 우리를 붙잡고 계시고 성령께서 우리와 함께하시니 우리는 승리할 수밖에 없습니다. 예수님께서 그리스도이신 것과 살아 계신 하나님의 아들이심을 믿고 구원받아 하나님의 자녀가 되는 것이 얼마나 감사한 일인지 오늘 말씀을 묵상하며 다시 감사하게 됩니다. 하나님께서 택하신 하나님의 백성들은 하나님의 양이므로 반드시 하나님을 믿게 되며 아무리 큰 죄를 범했어도 회개하고 돌아오게 됩니다. 예수님과 함께 있는 사람은 예수님과 함께 세상을 이깁니다.

기도하기

세상을 바라보고 두려워하지 않게 해 주시기를 기도합니다. 말씀대로 살면 그대로 이루어진다는 것을 믿고, 말씀을 붙잡고 살게 해 주시기를 예수님의 이름으로 기도드립니다. 아멘!

아버지와 나는 하나다

· 요한복음 10:30-42

예수님께서 아버지와 나는 하나라고 하신 것은 예수님과 하나님 아버지는 그 '본성'과 '의지'가 하나이심을 말씀하신 것입니다. 그 말씀을 하시자 적의에 가득 찬 유대인들은 예수님께 돌을 던지려 하였습니다. 그들은 예수님이 하신 일은 반대하지 않는다고 말하며 하나님을 모독한 것 때문에 돌을 던지는 것이라고 주장하였습니다.

예수님은 적의에 가득한 그들에게 시편[13]을 인용하시며 당신의 주장을 마무리하셨습니다. 그리고 예수님을 불신하는 그들에게 나를 믿지 못하겠으면 내가 하는 일은 믿으라고 마지막으로 권면하시며 그들을 빠져나가셨습니다.

그들의 심한 적대감으로 인하여 예수님께서는 세례 요한의 활동 본거지였던 요단강 저편 베다니로 가셨습니다. 여기에서 예수님의 사역은 많은 호응을 받았습니다. 세례 요한이 죽기 전에 백성들을 준비시켰기 때문입니다. 요한은 죽었지만 아직도 그의 증거를 기억하고 있는 사람들에게 영향력을 미치고 있었습니다. 세례 요한은 아무 표적도 행하지 않았으나 백성들은 예수님을 가리켜 말한 그의 증거를 믿었습니다. 이와는 대조적으로 적대적인 예루살렘의 무리들은 그분의 표적까지 보았지만 순종하지

---

13) 시편 82:6 말씀의 인용. "너희는 신들이며, 지극히 높은 분의 아들들이다".

삶으로 쓰는 요한복음 이야기

않았습니다. 그러나 베다니에서는 많은 사람들이 예수님을 구주로 믿었습니다.

◆ 예수님은 육신을 입으시고 이 세상에 오신 하나님이시며 우리의 눈으로 볼 수 있는 하나님이십니다.

◆ 예수님은 하나님과 하나라고 하셨습니다. 즉 예수님은 하나님이신 것입니다. 예수님이 세상에 오신 것을 믿으면 우리는 하나님을 우리의 눈으로 본 것과 마찬가지입니다. 얼마나 놀라운 말씀인가요? 하나님을 우리의 눈으로 보았다니 오늘 말씀에서 깊이 감동을 받습니다. 얼마나 우리를 사랑하셨으면 친히 하나님께서 세상에 내려오셔서 우리를 만나 주셨을까요? 죄 가운데 헤매고 있던 내게 새 생명을 주신 하나님, 정말 감사드리고 감사드립니다. 세상에 아무리 죄악이 가득하다 할지라도, 우리를 유혹하는 것이 많다 해도, 어떤 어려움이 온다 해도, 우리를 구원하러 오신 하나님이 계심을 확신하면 흔들리지 않는 믿음을 가지게 될 것임을 믿습니다.

기도하기

아버지 하나님, 오늘 주신 말씀을 통해서 세상을 바라보며 두려워하거나 흔들리지 않게 하시고, 말씀을 믿고, 언제나 담대하게 승리하며 살게 하여 주시기를 간절히 바랍니다. 예수님의 이름으로 기도합니다. 아멘.

주님이 사랑하시는 자, 나사로

· 요한복음 11:1-10

　오늘 말씀은 예수님께서 죽은 지 나흘 된 나사로를 다시 살리신 일입니다. 예수님께서는 항상 제자들과 함께 다니셨을 때 베다니에 가면 항상 나사로의 집에서 머무셨습니다. 예수님께서 나사로의 집에 오시면, 마리아는 예수님의 말씀 듣는 것을 좋아했습니다. 그리고 마르다는 음식을 만들어 예수님을 대접했습니다. 이들은 예수님과 제자들을 잘 섬겼습니다. 그래서 예수님과 제자들은 베다니에 가면, 나사로의 집에서 편안히 쉬셨을 것입니다.

　그 나사로가 죽을병에 걸렸습니다. 예수님께서는 나사로의 누이 마르다가 보낸 사람이 와서 말하기 전에 나사로가 병에 걸렸다는 것도, 그 병이 죽을병이 아니라는 것도 알고 계셨습니다. 예수님께서는 전지전능하신 하나님의 아들이시므로 다 알고 계셨습니다.

　나사로가 죽을병에 걸린 것은 제자들에게 부활 신앙을 갖게 하고, 생명의 근원이신 하나님의 아들이신 예수님을 알게 하여 하나님께 영광 돌리기 위해서였습니다. 그래서 예수님께서는 나사로가 병이 들었다는 소식을 듣고 즉시 가시지 않으신 것입니다. 제자들은 예수님이 유대로 가는 것이 위험하다는 것을 알고 있었습니다. 그래서 그들은 예수님이 유대로 가시는 것을 만류했습니다. 제자들의 만류에 예수님은 은유적으로 베다니에 가는 것이 그리 위험한 것이 아님을 말씀하셨습니다. 이는 하나님에 뜻에 따라 사는 사람은 안전하다는 것을 말씀하신 것입니다. 하나님의 계획을 좇는 사람은 정해진 그날까지 아무런 해도 없을 것입니다. 그러므로 예수님이 빛으로서 이 세상에 계시는 동안에 사람들은 그의 부름에 응답하여야 할 것입니다. 곧 그분은 가실 것이고 그와 함께할 절호의 기회도 사라질 것이기 때문입니다.

◆ **예수님은 죽은 자도 살리시는 전지전능하신 분이시며 부활이요, 생명이신 참하나님이시며 그를 믿는 자에게는 영생을 주시는 분이십니다.**

◆ 마르다와 마리아는 오빠 나사로가 죽은 후 장례를 치를 때까지도 예수님께서 오시지 않자 굉장히 섭섭했을 것입니다. 그러나 하나님께서는 우리가 무엇을 고민하고 무엇 때문에 괴로워하는지 무엇을 원하고 무엇이 필요한지 다 아십니다. 우리에게 가장 좋은 것이 무엇인지 다 아십니다. 하나님께서 택하시고 사랑하시는, 하나님의 백성도 어려움을 당할 때가 있습니다. 그러나 아무리 힘들고 어려운 일을 당해도 두려워하지 말고 오직 하나님께 의뢰하면 헤쳐 나갈 힘을 주십니다. 예수님은 나에 대한 모든 것을 알고 계십니다. 그러니 어떤 일이 있더라도 낙심하지 말고 주님께 자비를 구하면 응답해 주실 것입니다.

아버지 하나님, 저희가 열심히 말씀을 귀 기울여 듣고 말씀대로 행하며 살아갈 때 저희의 삶을 더욱 행복하고 평안하고 잘되게 해 주실 것을 예수님의 이름으로 기도합니다. 아멘!

"우리 친구 나사로가 깊이 잠들었다"

• 요한복음 11:11-16

그 후에 예수께서 "우리 친구 나사로가 깊이 잠들었으니, 그를 깨우러 가야겠다"라고 말씀하셨습니다. 예수님께서는 나사로를 가리켜 '친구'라고 말씀하셨습니다. 하나님의 아들이신 예수님은 우리를 친구로 생각하시며 우리를 존중해 주시고 사랑해 주십니다.

종과 친구의 차이는 매우 큽니다. 주인은 무언가를 할 때 종과 의논하지 않습니다. 비밀스러운 이야기를 종에게 말하지 않습니다. 종에게는 오직 지시하고 명령할 뿐입니다. 그런데 친구에게는 다릅니다. 비밀스러운 이야기를 친구에게는 털어놓습니다. 친구에게는 자신의 생각을 말하고 의논합니다.

또한 잠들었다는 말씀은 죽음의 잠을 뜻하는 것입니다. 그리스도께서 오신 후 믿는 자들의 죽음은 잠으로 지칭되었습니다. 죽은 그리스도인들은 '영혼의 잠'이 아닌 단지 그들의 몸이 자는 것처럼 보일 뿐이라는 의미에서 그들이 자고 있다고 묘사되었습니다. 그러나 제자들은 예수님의 말씀을 오해하여 차라리 잠들었으면 낫겠다고 말한 것입니다.

"디두모(쌍둥이를 뜻함)라고도 하는 도마가 다른 제자들에게 말하되 우리도 주와 함께 죽으러 가자"고 말했습니다. 도마는 예수님께서 가시는 길이 위험하지만, 예수님께서 죽으신다 하더라도 예수님과 함께 가겠다는 뜻으로 한 말로 언뜻 충성되게 들립니다. 그러나 도마는 예수님의 말씀을 제대로 이해하지 못했습니다.

◆ **예수님께서는 우리의 모든 것을 잘 알고 계시며 우리를 친구로 부르시고 사랑해 주시며 우리의 병을 고쳐 주시는 하나님이십니다.**

◆ 예수님은 우리를 친구로 생각하시고 대접해 주십니다. 예수님을 따르는 사람, 끝까지 하나님의 일을 지키는 사람에게 친구로 불러 주시며 예수님과 같은 반열에 설 수 있고, 예수님과 함께 영광을 누릴 수 있게 해 주시는 사랑이 풍성하신 분입니다. 예수님의 제자 도마가 한 말을 묵상해 봅니다. 그는 예수님의 제자였지만 아직 예수님이 어떤 분인지 또 예수님이 하시고자 하시는 일이 무엇인지 잘 알지 못했습니다. 우리는 예수님을 잘 안다고 생각하고 우리의 뜻과 우리의 생각이 곧 예수님의 뜻과 생각이라고 굳게 믿을 때가 있습니다. 그럴 때 확신에 차서 한 행동의 결과는 늘 참담한 실패로 끝나는 경우가 많습니다. 그런 다음 그것이 내 뜻이었음을 알게 된 적이 참 많습니다. 나의 주관적이고 이기적인 마음에서 그렇게 생각하고 행동한 것입니다. 항상 겸손하게 주님을 아는 지식이 부족함을 깨닫고 더욱 말씀을 묵상하고 말씀에 순종하는 삶을 살기를 오늘 말씀에서 다짐합니다.

기도하기

하나님 아버지, 감사합니다. 저희들을 친구로 생각하시고 존중해 주시

삶으로 쓰는 요한복음 이야기

는 예수님을 더욱 알고, 더욱 믿기 위해 하나님의 말씀에 더욱 귀 기울이기를 기도합니다. 더 많이, 더 깊이 하나님을 아는 지식이 더해 가기를 예수님의 이름으로 간절히 기도합니다. 아멘!

부활이요, 생명이신 예수님

• 요한복음 11:17-27

나사로가 죽은 지 나흘이나 지났지만, 많은 유대인들이 나사로의 집에 와서 나사로의 가족을 위로했습니다. 마르다는 예수님을 만나자마자 "주님, 주님께서 여기 계셨더라면 제 오빠가 죽지 않았을 것입니다"라고 원망 섞인 말을 했습니다. 마르다는 예수님께서 빨리 오셨더라면, 나사로가 죽지 않았을 것이라 생각하여 늦게 오신 것에 대해 불만을 가지고 있었습니다.

예수님은 마르다에게 네 오빠가 다시 살아날 것이라고 약속하셨습니다. 마리아는 예수님의 약속이 즉각적인 소생이 아닌 마지막 날에 일어날 최종적인 부활로 믿고 그렇다고 대답했습니다.

"나는 부활이요, 생명이다" 예수님께서는 위대한 자기 계시[14] 중 다섯 번째로 말씀하셨습니다. 믿는 자의 죽음은 육신의 생명이 끝났다고 하더라도 영적으로는 결코 죽지 않는다고 말씀하신 것입니다.

예수님의 그 말씀을 들은 마르다는 주는 그리스도이시며 하나님의 뜻을 이루기 위해 세상에 오신 하나님의 아들이심을 고백합니다.

---

14) 예수님은 지금까지 요한복음에서 나는 생명의 떡이다, 나는 세상의 빛이다, 나는 양의 문이다, 나는 선한 목자다, 나는 부활이요 생명이다, 나는 길이요 진리요 생명이다, 나는 참 포도나무다. 총 일곱 번의 자기 선언을 하신다.

삶으로 쓰는 요한복음 이야기

◈ 부활이시요 생명이신 예수님은 말씀하신 것을 반드시 지키시고 우리를 영원한 생명의 삶으로 인도하시는 그리스도이시며 하나님의 아들이십니다.

◈ 오늘 말씀에서 내가 원하는 때에 기도가 이루어지지 않았다고 해서 섣불리 낙심하거나 주님을 원망해서는 안 되겠다고 다짐하게 됩니다. 하나님은 우리에게 가장 좋은 것을, 가장 좋은 때에 주십니다. 설사 원하는 기도가 응답되지 않았다고 해도 그것이 더 내게 유익하기 때문에 하나님이 주시는 기도응답일 수도 있음을 알아야 한다고 생각하게 됩니다. 내가 간절히 원하고 있는 그것이 떡이라고 굳게 믿고 기도하지만 사실은 그것이 뱀일 수 있는 것입니다. 예수님은 분명히 나사로의 죽음이 하나님의 뜻을 이루기 위한 것이라고 말씀하셨습니다. 예수님은 부활이시며 생명이십니다. 예수님을 믿고 따르는 것은 좋은 선생님을 만나 가르침을 얻는 정도가 아닙니다. 예수님을 믿는 자는 하나님이 예수님을 통해 우리에게 주시는 부활과 생명의 삶을 살게 됩니다. 육신은 죽지만 영혼을 영원히 살게 되는 것이고, 예수님이 다시 오시는 날에는 우리의 육신도 부활해서 영원히 주님과 함께 살게 될 것입니다.

기도하기

하나님 아버지, 감사합니다. 세상을 바라보고 낙심하지 않게 하시고, 우리의 연약함 때문에 낙심하지 않게 하소서. 부활이시고, 생명이신 예수님을 굳게 붙들고 저희들이 하루하루 승리하며 살아갈 수 있기를 예수님의 이름으로 기도합니다. 아멘!

예수님께서 눈물을 흘리셨습니다

· 요한복음 11:28-44

예수님께서는 나사로가 죽은 것으로 인해 마리아와 사람들이 우는 것을 보시고 그들을 불쌍히 여기시며 눈물을 흘리셨습니다. 또한 인간의 죄가 가져온 죽음의 비극을 보시고 우신 것입니다.

이 병은 죽을병이 아니라 하나님의 영광을 위함이요 하나님의 아들이 이로 말미암아 영광을 받게 하려 함이라고 예수님께서 말씀하셨는데도 나사로가 죽은 것에 대해 슬퍼하는 사람들을 보시고 그들의 믿음 없음을 안타깝게 생각하셨습니다. 사람들에게는 믿음이 없었습니다. 사람들은 예수님께서 말씀하신 것을 하나도 기억하지 못하고 단지 나사로가 죽은 것만 생각하고 슬퍼했습니다.

예수님께서 "돌을 옮겨 놓으라"고 말씀하셨습니다. 마르다가 죽은 지 나흘이나 되어 냄새가 심하게 난다고 말했지만 예수님께서는 "내가 너에게 말하지 않았느냐"라고 하시고 눈을 들어 하늘을 우러러 "아버지여 내 말을 들으신 것을 감사합니다"라고 기도하셨습니다. 예수님께서는 자신이 기도하시면 하나님께서 응답하실 것을 아셨습니다. 그리고 큰 소리로 "나사로야 나오라"고 마치 살아 있는 나사로를 부르시듯이 그의 이름을 부르셨습니다. 그렇게 말씀하시자 나사로가 손과 발이 천으로 감겨진 채로, 얼굴도 천으로 둘러싸인 채로 무덤 안에서 밖으로 걸어 나왔습니다.

기적이 일어났습니다.

◆ **예수님께서는 죽은 자를 살리시는 전지전능하신 하나님이시며 십자가에 못 박혀 죽으시고 사흘 만에 다시 부활하신 분이십니다.**

◆ 예수님께서 말씀하신 것은 그대로 이루어진다는 믿음을 가지게 됩니다. 우리가 세상의 일만 생각하고 근심하고 염려만 한다면 하나님께서 비통하게 여기실 것입니다. 사람들은 나사로가 죽은 것만 생각하고, 슬퍼하고 울었습니다. 예수님께는 불가능이 없습니다. 사람이 보기에 100% 불가능해 보인다 해도, 예수님은 가능하게 하십니다. 험악한 세상을 바라보며 낙심하거나 두려워하는 어리석은 자가 되지 말아야 할 것입니다. 하늘과 땅을 다스리시는 주님을 항상 의지해야 하겠습니다. 언제 죽더라도 영광스러운 몸으로 부활한다는 것을 믿고 담대하게 살아가야 할 것입니다.

기도하기

하나님 아버지, 감사합니다. 오늘 우리에게 필요한 말씀을 주셔서 감사합니다. 험악한 세상을 바라보며 낙심하거나 두려워하는 어리석은 자가 되지 말게 하시고, 하늘과 땅을 다스리시는 주님을 항상 의지하고 언제 죽더라도 영광스러운 몸으로 부활한다는 것을 믿고, 담대하게 살아갈 수 있도록 도와주실 것을 예수님의 이름으로 간구합니다. 아멘!

예수님을 죽이려는 음모

• 요한복음 11:45-57

　예수께서 나사로를 살리신 일을 본 많은 유대인들은 예수님이 그리스도이심을 믿었습니다. 그러나 유대 종교 지도자였던 바리새인들과 대제사장은 기다리던 메시아가 오신 것을 누구보다 기뻐해야 할 사람들이었지만 기뻐하지 않았습니다. 오히려 그들은 많은 유대인들이 예수님을 믿을까 봐 그것을 걱정하고 예수님을 죽이려고 모의했습니다. 그들은 예수님께서 사람들 앞에서 그들의 죄를 지적하시고 그들을 책망하셨기 때문에 많은 유대인들이 예수님을 믿으면, 더 이상 자신들이 지도자로서 대접받을 수도 없고, 머리를 들 수 없는 수치를 당하게 될 것을 두려워했습니다. 이들은 결국 악한 마음으로 예수님을 죽이기로 합의하고 예수님을 십자가에 못 박아 죽이는 일에 가룟 유다와 함께 쓰임 받았습니다.

◆ **예수님은 우리의 죄를 대속하시기 위해 십자가에서 죽으시고, 사흘 만에 다시 부활하신 그리스도이십니다.**

◆ 예수님이 나사로를 살리신 것을 본 많은 유대인들은 예수님을 믿게 되었습니다. 나사로를 살리신 예수님은 지금도 말씀으로 우리와 함께하십니다. 하나님께서 약속하신 말씀이 그대로 이루어짐을 믿으

면 하나님이 살아 계심을 체험하게 되고 삶이 기쁨과 평안으로 넘치게 될 것입니다. 예수님께서 말씀하신 진리가 무엇인가 올바로 알아야 올바르게 믿을 수 있을 것입니다. 진리를 알고, 바른 믿음을 가지고 있으면 하나님의 사랑과 축복을 체험할 수 있을 것입니다. 말씀을 바로 깨닫는 사람이 하나님을 사랑하게 되고, 기쁨으로 하나님을 섬기게 됩니다. 오직 하나님의 뜻대로 살기 위해 힘쓰게 되며, 성령의 열매를 맺는 삶을 살게 될 것입니다. 더욱 말씀을 가까이 하고, 매일 말씀과 함께하며 진리의 말씀이신 예수님과 동행하는 삶을 다짐해 봅니다.

기도하기

하나님 아버지, 감사합니다. 길이요 진리이신, 부활이요 생명이신 예수님의 말씀을 의지하고 살아가기를 간절히 원합니다. 항상 주님만 바라보고, 의지하고, 따라가게 하여 주시기를 예수님의 이름으로 기도합니다. 아멘!

예수님의 발에 향유를 부은 여인, 베다니 마리아

· 요한복음 12:1-11

오늘 말씀에는 예수님께서 십자가에 못 박히시기 한 주 전에 있던 일이 기록되어 있습니다. 예수님께서는 베다니에서 죽은 지 나흘 된 나사로를 살려 주셨습니다. 베다니 사람들은 예수님의 사랑에 감사하여 예수님을 잘 대접해야겠다고 생각하고 특별히 잔치를 준비했습니다. 마르다는 예수님을 위해 열심히 음식을 만들었습니다. 그런데 마르다의 동생 마리아는 지극히 비싼 향유 곧 순전한 나드 한 근을 가져다가 예수님의 발에 붓고 자기 머리털로 예수님의 발을 닦았습니다. 3백 데나리온이나 하는 값비싼 향유였습니다. 마리아는 자신이 가진 것 중에서 가장 값비싸고 귀한 것을 아낌없이 예수님께 드렸습니다. 마리아는 자신의 머리털로 예수님의 발을 닦았습니다. 이것은 예수님을 존경하고 자신을 낮추는 마리아의 마음을 표현한 것입니다.

마리아가 값비싼 향유를 예수님의 발에 붓는 것을 본 가룟 유다는 마리아에게 "이 향유를 어찌하여 삼백 데나리온에 팔아 가난한 자들에게 주지 아니하였느냐"고 말했습니다. 가룟 유다는 그런 마리아의 행동을 무섭게 책망했습니다. 그러나 그는 사실 도둑이었습니다. 그래서 그는 예수님의 제자들을 속였습니다. 그러나 예수님은 속일 수 없었습니다. 예수님께서는 가룟 유다에게 마리아가 예수님의 발에 향유를 부은 것은 예수님의 장

삶으로 쓰는 요한복음 이야기

례를 위해 한 일이라고 말씀하셨습니다. 그러나 가룟 유다는 예수님의 말씀에는 관심이 없고 오직 마리아가 낭비한 돈에만 관심이 있었습니다. 그는 가난한 자를 생각하여 이렇게 말한 것이 아니고, 본래 도둑이었기 때문에 자신의 마음을 감추고 그렇게 말한 것입니다. 그는 결국 은 30냥에 예수님을 팔았습니다. 그는 예수님을 십자가에 못 박아 죽이는 데 중요한 역할을 했습니다.

대제사장들은 나사로 때문에 많은 유대인이 가서 예수를 믿는 것을 보고 나사로까지 죽이려고 계획했습니다.

◈ 예수님은 우리의 죄를 대속하시기 위해 십자가에 못 박혀 돌아가시고 사흘 만에 다시 부활하신 그리스도이십니다.

◈ 오늘 말씀에서 마리아의 예수님에 대한 사랑에 감동합니다. 자신의 전 재산과 다름없는 귀한 향유를 예수님께 드릴 수 있는 그 믿음에 탄복합니다. 마리아처럼 자신의 전부를 다 드릴 수 있을 만큼 예수님을 사랑하고 있는지 생각하니 너무나 부족하고 죄송한 마음입니다. 사람은 믿는 만큼 사랑하는 것임을 마리아의 참으로 크고 진실한 행동을 통해 깨닫게 됩니다. 가룟 유다는 가난한 사람 운운하며 마리아를 질책했습니다. 그는 세상 사람들과 비슷한 판단을 했습니다. 그가 정말 가난한 사람들을 돕는 마음에서 그랬던 것일까요? 아닙니다. 그는 그 돈이 아까워서 둘러댄 것입니다. 마리아는 자기도 모르게 앞으로 6일 후면 일어날 예수님의 십자가 죽음을 기리고 있었던 것입니다. 예수님을 깊이 순전하게 사랑했던 마리아는 자신의

소유인 나드 전부를 아낌없이 부어 드렸습니다.

하나님 아버지, 마리아의 예수님께 향한 아름다운 사랑과 섬김에 깊이 감동하게 해 주셔서 감사합니다. 아버지, 오늘 주신 말씀을 마음에 새겨서 저와 서현이가 예수님을 정말 뜨겁게 사랑할 수 있기를 예수님의 이름으로 기도합니다. 아멘!

예루살렘으로 입성하심

• 요한복음 12:12-19

예수님께서 나사로를 다시 살리셨다는 소문이 퍼져 나가 이로 인해 많은 사람들이 예수님을 믿게 되었습니다. 마침 유월절이라 많은 사람들은 예수님께서 예루살렘으로 오신다는 소식을 듣고 예수님을 열광적으로 기다렸습니다. 예수님께서는 이제 예루살렘으로 올라가시면 장로들과 대제사장들과 서기관들에게 많은 고난을 받고 죽임을 당하고 제삼일에 살아날 때가 된 것을 알고 가셨습니다. 사람들로부터 환영 받고 영광을 얻으려고 가신 것이 아닙니다.

스가랴서 9장 9절에는 "시온의 딸아 크게 기뻐할지어다 예루살렘의 딸아 즐거이 부를지어다 보라 네 왕이 네게 임하시나니 그는 공의로우시며 구원을 베푸시며 겸손하여서 나귀를 타시나니 나귀의 작은 것 곧 나귀 새끼니라"고 기록되어 있습니다. 예수님께서는 예수님께서 오시기 수백 년 전에 스가랴 선지자가 예언한 대로 세상에 오셨습니다.

예수님께서 나귀 새끼를 타시고 예루살렘에 입성하실 때, 사람들은 겉옷을 벗어 예수님이 나귀를 타고 오시는 길바닥에 깔고, 종려나무 가지를 흔들며 승리를 외쳤습니다. 그리고 사람들은 "호산나" 하고 외쳤습니다. 이 말은 '지금 우리를 구원하소서'라는 의미입니다. 사람들은 예수님께서 자신들을 지금 당장 로마의 압제에서 구원하실 이스라엘의 왕으로 오셨다고 생각하고 열광적으로 환호했습니다. 수많은 병자들을 고치시고, 오병이어의 기적을 행하시며, 맹인의 눈을 뜨게 하시고 죽은 나사로를 살리신 예수님은 전능하신 하나님이셨습니다. 그러나 예수님께서는 단순히 유대인의 왕이 아닌 하늘과 땅의 모든 권세를 가지신 만왕의 왕으로 오신 것입니다.

◈ **예수님께서는 단지 이스라엘의 왕으로 오신 것만이 아니라 만백성, 온 인류를 구원하시는 메시아, 만왕의 왕으로 이 세상에 오신 분이십니다.**

◈ 오늘 말씀에서 예수님이 작은 나귀를 타시고 예루살렘에 오시는 장면을 읽으며 예수님은 참 겸손하시며 진정한 메시아이심을 느낍니다. 구약에서 선지자들이 예언한 대로 예수님은 하나님의 아들로서 우리의 죄를 대속하시기 위해 겸손하신 모습으로 세상에 오셨습니다. 그런데 제자들은 그 당시에는 제대로 깨닫지 못했다가 부활하신 후에야 성령의 은혜를 받아 예수님이 누구신지를 알게 되었습니다. 성령은 우리의 무지함을 깨우쳐 주시고 하나님의 말씀의 비밀을 깨닫게 해 주시며 어떻게 살아야 할지 인도하십니다. 항상 성령의 인도하심으로 살기를 주님께 기도드립니다.

기도하기

하나님 아버지, 감사합니다. 겸손하셔서 나귀를 타고 우리에게 낮고 낮은 모습으로 오신 예수님처럼 겸손하고 가난하고 낮은 마음으로 살기를

기도합니다. 그리고 항상 성령의 인도하심으로 은혜를 받아 예수님을 사
랑하고, 예수님이 주신 사명으로 살아가게 되기를 예수님의 이름으로 기
도합니다. 아멘!

예수님께서 자신의 죽음을 예고하심

• 요한복음 12:20-26

유월절에 명절을 지키기 위해 그리스인(헬라인)들이 등장한 것은 의미심장한 일이었습니다. 헬라인들은 아마도 유대 공회당과 연회에 참석하며 하나님을 경외하는 자들이었을 것입니다. 그들이 왔다는 것은 그리스도를 통하여 하나님을 예배할 이방인들이 돌아왔다는 것을 상징하는 것이었습니다.

그리스 사람들은 예수님을 죽이려 한다는 것이 소문났기 때문에 사람들의 눈을 피해 빌립에게로 먼저 가서 예수님을 만나고 싶다고 했습니다. 예수님의 명성은 이제 헬라인들에게까지 알려지게 된 것입니다. 그 말을 들으신 예수님께서는 자신이 십자가에 못 박혀 죽으실 때가 되었음을 아시고 "인자가 영광을 받을 때가 왔다"라고 말씀하셨습니다.

대부분의 사람들에게 죽음은 그들의 인생의 패배와 항거할 수 없는 마지막을 뜻하는 것이었지만 예수님께 있어서는 달랐습니다. 예수님의 죽음은 영광에 이르는 그분의 수단이었습니다. 아버지께 순종하여 다른 모든 사람들의 죄를 위하여 돌아가시려는 그분의 의지가 그에게 영광을 가져왔던 것입니다.

예수님께서는 한 알의 밀이 땅에 떨어져 죽지 아니하면 한 알 그대로 있고 죽으면 많은 열매를 맺는다고 말씀하셨습니다. 이는 예수님께서 십자

146

가에 못 박혀 죽으심으로 하나님의 백성들을 그들의 죄에서 구원하실 것을 비유로 말씀하신 것입니다. 예수님의 말씀은 죽음이 궁극적으로 맺게 될 결실에 필수적임을 나타내신 것이었습니다.

대부분의 세상 사람들은 육신의 생명만 생각하고 오직 육신의 생명을 지키기 위해 노력하다가 육신의 생명이 끝난 후에는 무서운 죽음을 맞이합니다. 그러나 예수님의 죽음은 그 자신뿐만이 아닌 모든 이들에게도 영광과 생명의 길이 되셨습니다. 예수님께서 십자가에 못 박혀 죽으시는 고난을 통과하신 후, 하나님께서는 예수님을 높이셨습니다. 죽음이 곧 생명에로의 길이었던 것입니다.

예수님께서는 "나를 섬기려면 나를 따르라 나를 섬기면 내 아버지께서 그를 귀히 여기시리라"고 말씀하셨습니다. 하나님께서 예수님을 높이신 것처럼 예수님을 따르는 사람들을 예수님은 높이십니다.

◆ **우리의 죄를 대속하시기 위해 십자가에 못 박혀 죽으시고 사흘 만에 부활하신 후에 하나님으로부터 영광을 얻으신 분이십니다.**

◆ 한 알의 밀을 심지 않고 그대로 두면 말라 버릴 것입니다. 그러나 한 알의 밀을 땅에 심으면, 싹이 나고 줄기가 나서 열매를 많이 맺게 됩니다. 이와 마찬가지로, 예수님께서 십자가에 못 박혀 죽으심으로 많은 영혼이 구원을 받게 되었습니다. 또 예수님께서는 육신의 생명만을 사랑하는 자는 오직 그것을 얻기 위해서 살면 오히려 잃게 되고 무서운 죽음을 맞이할 뿐이라고 말씀하시며 '나를 따르라'고 하셨습니다. 예수님을 따른다는 것이 무엇일까요? 그것은 예수님을 사랑하

고 순종하는 일이라고 생각합니다. 예수님의 말씀을 지키고, 세상의 부귀영화에 흔들리지 않으며 주님이 가신 길을 따르는 것이라고 생각합니다. 그러기 위해서는 나의 모든 욕망과 이기심과 육신을 부인해야 하는데 참 어렵고 쉽지 않겠지만 희망을 잃지 않고 최선을 다하고 싶습니다.

기도하기

아버지 하나님, 감사합니다. 한 알의 밀이 그대로 있으면, 그저 한 알에 그치지만, 죽으면 많은 열매를 맺는다고 말씀하셨습니다. 한 알의 밀이 땅에 떨어져 죽으면 많은 열매를 맺는 것처럼 자신을 희생하고 다른 사람의 본이 되는 삶을 살 수 있기를 예수님의 이름으로 기도합니다. 아멘!

삶으로 쓰는 요한복음 이야기

인자가 들려야 한다

• 요한복음 12:27-36

예수님께서는 죄로 인해 하나님으로부터 떨어져 나간 사람들을 구원하시기 위해 우리가 받아야 할 저주를 대신 받으셨습니다. 십자가의 고난이 얼마나 큰지를 아시고 괴로워하시며 다만 아버지의 이름을 영광스럽게 하여 드리기만을 간절히 기도하셨습니다.

예수님께서 기도하시니 하나님께서 응답하셨습니다. 하늘에서 "내가 이미 영광스럽게 하였고 또다시 영광스럽게 하리라"고 하셨습니다. 그 소리가 얼마나 컸는지, 천둥소리와 같았습니다. 이에 예수님께서는 이 소리가 난 것은 나를 위한 것이 아니요 너희를 위한 것이라고 하셨습니다. 예수님께서는 오직 인간을 향하신 사랑만을 생각하셨습니다.

예수님께서는 "이제 이 세상에 대한 심판이 이르렀으니 이 세상의 임금이 쫓겨나리라"고 말씀하셨습니다. "이 세상의 임금"은 사탄을 가리킵니다. 예수님의 십자가 죽음은 이 세상의 심판이었습니다. 이제 죄악은 속죄되었으며 이 세상의 목표들, 기준들, 종교들은 어리석은 것임이 밝혀지게 되었습니다. 또한 십자가는 사탄을 물리칠 수단이었습니다. 즉 죄와 죽음으로써 사람들을 위협하며 군림하였던 그 권세가 격퇴되어 이제는 영적인 암흑의 세계와 죄의 종이 될 수밖에 없던 상태로부터 인류가 구출된 것입니다.

예수님께서 "인자가 들려야 한다"라고 말씀하신 것은 인자로 오신 그리스도의 죽음과 부활을 말씀하신 것입니다.

빛으로 오신 예수님께서는 "아직 빛이 있을 동안에 다녀 어둠에 붙잡히지 않게 하고 빛을 믿으라, 그리하면 빛의 아들이 되리라"고 말씀하셨습니다.

◈ **예수님께서는 하나님의 백성들을 그들의 죄에서 구원하시려는 하나님의 뜻을 다 이루시고, 하나님 아버지의 이름을 영광스럽게 하신 분이시며, 빛으로 세상에 오신 분이십니다.**

◈ 예수님은 구원받은 우리에게도 사명을 주셨음을 굳게 믿습니다. 내가 믿는 하나님이 어떤 분이신가, 하나님이 나를 얼마나 사랑하시는가, 하나님 때문에 내가 얼마나 변화되었는가, 하나님의 뜻이 무엇인가를 늘 진지하게 생각하고 감사해야 하며, 주님이 제게 주신 사랑을 다른 사람들에게 증거해야 할 사명이 있는 것입니다. 오직 하나님께로부터 난 자들이 빛 되신 예수님을 영접하고 믿게 됩니다. 하나님의 기쁘신 뜻을 따라 사명을 주신 것을 한시도 잊지 말아야 합니다. 그리고 늘 자신의 사명을 잠시도 잊지 않으신 예수님을 본받는 사람이 되어야 합니다.

기도하기

아버지 하나님, 감사합니다. 이 땅에서 사는 동안 예수님을 갈수록 더욱 닮아 가며, 사명을 다하며, 하나님의 뜻을 이루며 살게 하여 주시기를 예수님의 이름으로 기도합니다. 아멘!

삶으로 쓰는 요한복음 이야기

"나는 세상을 구원하기 위해서 왔다"

• 요한복음 12:36하-50

예수님께서는 예루살렘에 입성하실 때, 자신이 십자가에 못 박혀 죽을 것이라는 말씀을 하시고 곧 숨으셨습니다. 예수님께서 숨으신 것은 사람들이 두렵고 무서워서가 아니라 하나님의 때에 하나님의 뜻과 계획을 맞추시기 위해서였습니다. 예루살렘에 예수님께서 입성하실 때 사람들이 기대한 유대인의 왕이 되는 것은 하나님의 뜻이 아니었습니다.

예수님께서는 많은 사람들 앞에서 표적을 행하셨지만 많은 사람들은 예수님을 믿지 않았습니다. 사람들이 예수님을 믿지 못한 것은 하나님께서 그들의 눈을 멀게 하시고 그들의 마음을 완고하게 하셔서 그들이 눈으로 보고 마음으로 깨닫고 돌이켜 예수님으로부터 고침을 받지 못하게 하신 것입니다. 하나님이 그렇게 하신 이유는 하나님께서 이 세상에 선지자를 보내시고, 회개할 기회를 주셨지만, 유대인들은 순종하지 않고 오히려 선지자들을 죽이고 박해하는 등 선지자들에게 못된 짓을 많이 했기 때문입니다. 하나님께서는 기회를 주셨지만, 유대인들은 하나님께 돌아오지 않았습니다. 그래서 하나님께서는 그들의 눈을 멀게 하시고, 그들의 마음을 완고하게 하셨습니다. 그래서 회개하지 못하게 하시고, 멸망하게 하신 것입니다.

◆ 예수님은 이 세상에 빛으로 오셔서 하나님의 뜻을 행하시고 순종하신 우리의 구주이시고 메시아이십니다. 예수님은 아버지와 하나이시므로 예수님을 믿고 본 자들은 모두 하나님 아버지를 믿고 볼 수 있게 해 주십니다.

◆ 오늘 말씀을 묵상하며 하나님의 뜻대로 살려면, 먼저 하나님의 뜻을 바르게 알아야 함을 깨닫게 됩니다. 어떻게 하나님의 뜻을 알 수 있을까요? 성경에 기록된 하나님의 말씀 속에 하나님의 뜻이 담겨 있습니다. 성경 말씀을 잘 알게 되면, 하나님께서 기뻐하시는 것과 그렇지 않은 것이 무엇인지, 하나님의 뜻이 어디 계신지 알게 됩니다. 또 성경의 말씀은 하나님 아버지께서 회개할 기회를 주실 때 회개해야 함을 깨닫게 해 주십니다. 이스라엘 사람들은 하나님께서 그토록 오랫동안 회개할 기회를 주셨지만 결국 회개할 기회를 놓쳐 버리고 멸망을 받게 되었습니다. 하나님 앞에서 고집을 부리고 완악하게 구는 것은 정말 어리석기 짝이 없는 일입니다. 예수님께서는 나를 믿는 자는 곧 나를 보내신 하나님을 믿는 것이라고 하셨습니다. 예수님을 믿는 것은 곧 하나님을 믿는 것이며 예수님을 보는 것은 곧 하나님을 보는 것과 같음을 명심하고 예수님을 따르고 순종하는 하나님 아버지의 자녀가 되기를 오늘 다시 굳게 다짐합니다.

기도하기

하나님 아버지, 감사합니다. 예수님을 사랑하고 따르는 것은 곧 하나님 아버지를 사랑하고 따르는 것임을 깨닫게 해 주셔서 감사합니다. 오늘도

삶으로 쓰는 요한복음 이야기

저희들이 주님의 뜻이 무엇인지 성경의 말씀들을 묵상하며 말씀을 그대로 따르고 실천하기를 예수님의 이름으로 간절히 기도합니다. 아멘!

III

제자들에게 나타내신 하나님의 아들
(요한복음 13:1-20:31)

1. 제자들과의 마지막 만찬(13:1-17:26)

예수님의 사랑

· 요한복음 13:1-11

예수님께서는 세상을 떠나 아버지께로 돌아가실 때가 이른 줄 아시고 세상에 있는 자기 사람들을 사랑하시되 끝까지 사랑하셨습니다. 제자들과 함께 마지막 만찬을 함께하시는 자리에서 예수님께서는 아버지께서 모든 것을 자기 손에 맡기신 것과 또 자기가 하나님께로부터 오셨다가 하나님께로 돌아가실 것을 아시고, 제자들의 발을 씻기시기 시작하셨습니다. 이제 곧 다가올 십자가의 죽음을 예감하시면서 제자들에게 먼저 자신을 낮추어 섬기는 사랑의 본을 보이셨습니다. 예수님의 수석 제자 베드로가 놀라 "주여, 주께서 어떻게 제 발을 씻기십니까?" 하며 만류했습니다. 그러자 예수님께서는 '네가 나와 상관이 있는 자'라 씻기시며, 이미 목욕한 자 곧 성령으로 이미 깨끗이 씻음 받았으니 발만 씻겨 주신다고 대답하셨습니다.

예수님의 제자들은 가룟 유다 외에는 성령으로 거듭난 사람, 이미 목욕한 사람입니다. 그러나 제자들은 아직 성령 충만하지는 못했습니다. 믿음이 어린아이와 같았습니다.

◈ **예수님께서는 전지전능하신 하나님의 아들이시므로 과거, 현재, 미래와 영원한 미래까지 다 아시며 세상에 있는 자녀들을 끝까지 사랑**

하시는 분이십니다.

◆ 예수님께서는 십자가를 향하여 떠나시기 전에 제자들의 발을 씻어 주시며 제자들에게 본을 보이셨습니다. 그래서 발을 씻어 주시기 위해서 제자들 앞에 무릎을 꿇으시고 더러운 제자들의 발을 손으로 만지시며 닦으신 것입니다. 예수님의 사랑이 참 따뜻하게 느껴집니다. 마귀는 이미 예수께서 제자들과 함께 식사하는 때를 이용해서 가룟 유다를 꾀었습니다. 마귀의 존재는 이렇게 우리에게 항상 가까이 있습니다. 우리가 의식을 하지 못하고 있지만 항상 언제 어디서든지 따라다니며 활동을 개시할 기회를 호시탐탐 노리고 있음을 명심해야 합니다. 마음에 빈 구석이 아주 조금이라도 나타나기 시작하면 그 틈을 비집고 집요하게 뚫고 들어와 똬리를 트는 놈들이 마귀들입니다. 그래서 말씀을 항상 마음에 새기며 마귀에게 틈을 주지 말아야 할 것입니다.

기도하기

오늘 예수님께서 직접 보여 주신 이 섬김의 사랑을 본받게 되기를 간절히 기도합니다. 자신보다 먼저 남을 더 낮게 여기며 겸손과 희생의 사랑으로 다른 사람들을 대하고 사랑하기를, 말로만이 아닌 실천으로 예수님의 사랑을 본받기를 간절히 기도합니다. 예수님의 이름으로 기도합니다. 아멘!

"너희도 서로 발을 씻겨 주어야 한다"

· 요한복음 13:12-20

예수님께서는 저녁을 잡수시던 자리에서 일어나 겉옷을 벗고 수건을 가져다가 허리에 두르시고 대야에 물을 떠서 제자들의 발을 씻겨 주셨습니다. 부모가 어린 자녀를 사랑하는 마음으로 자녀의 발을 씻겨 주듯이 예수님께서는 제자들을 사랑하는 마음으로 제자들의 발을 씻겨 주시는 본을 보이셨습니다.

예수님께서는 제자들의 발을 씻겨 주신 후, 내가 너희 발을 씻었으니 너희도 서로 발을 씻어 주는 것이 옳다고 말씀하셨습니다. 메시아이신 예수님께서는 마치 종이 주인의 발을 씻겨 주듯이 제자들의 발을 씻겨 주셨습니다. 그리고 예수님께서는 너희가 이것을 알고 행하면 복이 있다고 말씀하셨습니다. 또 예수님께서는 내가 보낸 자를 영접하는 자는 나를 영접하는 것이요 나를 영접하는 자는 나를 보내신 이를 영접하는 것이라고 말씀하셨습니다. 제자들이 사람들에게 사랑을 전하여 예수님을 영접할 뿐 아니라 하나님을 전하는 일을 하기를 기대하셨습니다.

◈ 제자들의 발을 씻겨 주셨듯이 우리를 무한한 사랑과 섬김으로 사랑하시는 분이십니다.

◆ 오늘 말씀을 묵상하며 예수님이 나를 얼마나 사랑하시는지를 다시 깊이 깨닫게 됩니다. 그런데 사람은 진실하게 깨닫는 만큼 변화된다고 생각합니다. 예수님의 사랑을 받은 만큼 얼마나 가족이나 이웃에게 사랑을 전했는지 생각해 보게 됩니다. 예수님을 믿는 사람들이 예수님이 말씀하신 것처럼 산다면, 정말 하나님께는 영광이 되고 많은 사람들에게는 감동과 기쁨을 줄 것입니다. 예수님께서 부활하신 후에 제자들이 놀라운 믿음의 사람들로 변화된 것도 다 예수님께서 본을 보이신 사랑 덕분이었습니다. 예수님께서는 지금도 우리에게 말씀을 통해서 사랑을 전해 주십니다. 제자도의 최종 목적지는 "내가 너희를 사랑한 것 같이 너희가 서로 사랑하라"고 하신 말씀을 실천하는 일이 될 것입니다. 그리고 제자들의 가장 중요한 사명은 삶을 통한 예수님의 구원의 소식을 전하는 전도가 될 것입니다. 모든 그리스도인들은 예수 그리스도의 제자라고 해도 무방할 것입니다.

기도하기

하나님 아버지, 감사합니다. 오늘 말씀에서 정말 숭고한 예수님의 사랑을 많이 배웁니다. 우리가 다른 사람에게 섬김을 받으려고 하기보다 항상 섬기려고 하는 사람이 된다면 얼마나 예수님께서 기뻐하실지 생각합니다. 항상 예수님의 당부하신 것을 따르는 제자들이 되기를 간절히 기도합니다. 예수님의 이름으로 기도합니다. 아멘!

예수님께서 배반당할 것을 예고하심

• 요한복음 13:21-30

예수님께서는 제자들의 발을 다 씻기신 후 제자들과 마지막 성찬 예식을 나누시면서 그 자리에 있던 제자 중 한 명이 예수님을 팔 것을 아시고 매우 괴로워하셨습니다. 예수님의 말씀을 들은 제자들은 '제자가 어떻게 예수님을 팔 수 있는가'라고 생각하여 충격을 받았을 것입니다. 그 자리에는 예수의 제자 중 하나 곧 예수께서 사랑하시는 자가 예수의 품에 의지하여 누워 있었습니다. 그는 요한복음을 기록한 사도 요한이었습니다. 시몬 베드로가 요한에게 예수님을 팔 자가 누구인가 예수님께 물어보라고 했습니다. 그러자 요한이 예수님께 "주님, 그가 누구입니까?" 하고 질문했습니다. 예수님께는 "내가 이 떡을 접시에 찍어 주는 자가 나를 배반할 자이다" 하시면서 떡 조각을 집어서 접시에 찍어 가룟 사람 시몬의 아들 유다에게 주셨습니다. 제자들은 그때 예수님이 무슨 뜻으로 그런 말씀을 하셨는지 아무도 깨닫지 못했습니다. 유다가 그 조각을 받고 곧 나가니 밤이었습니다.

예수님께서 떡 한 조각을 적셔서 유다에게 주신 것은 유다가 회개할 수 있는 좋은 기회를 주신 것이었지만 유다는 회개하지 않았습니다. 예수님께서는 가룟 유다를 다른 제자들과 똑같이 사랑하셨고 3년 동안 기다리셨지만 끝내 유다는 예수님을 배반하고 말았습니다.

삶으로 쓰는 요한복음 이야기

◈ 예수님은 우리가 죄와 허물이 많음에도 불구하시고 끝까지 우리를 사랑하시며 우리가 죄를 회개하고 돌아오기를 간절히 바라시는 사랑이 넘치시는 하나님이십니다.

◈ 오늘 말씀에서 두 명의 서로 다른 행동을 하고 살아간 예수님의 제자들을 생각해 보게 됩니다. 우선 사도 요한을 생각해 봅니다. 그는 예수님이 특별히 자기를 더 사랑한다고 생각하여 자신을 '예수가 사랑하시는 자'라고 부르고 다녔습니다. 예수님께서 제자들을 다 공평하게 사랑하셨겠지만 사도 요한이 특별히 그렇게 생각했다는 것은 그만큼 예수님의 사랑을 받는 것을 원하고 기뻐했기 때문이라 생각됩니다. 반면에 가룟 유다를 생각해 봅니다. 그는 예수님께서 회개할 기회를 주셨지만 그 기회를 놓치고 스스로 자멸해 버리고 말았습니다. 용서의 예수님이신 것을 깨닫지 못했습니다. 우리가 죽을죄를 범하고 나쁜 짓을 해도, 하나님께서 진노하시지 않으시고 참으시는 것은 하나님께서는 우리가 죄 가운데 망하는 것을 조금도 기뻐하시지 않으시기 때문이고 우리가 회개하고 돌이켜 살기를 원하시기 때문입니다. 오늘 하나님의 마음을 깊이 묵상하며 나를 사랑하시는 하나님 아버지를 한 시도 떠나지 말고 오직 주님만 의지하며 살 것을 다시 다짐하게 됩니다.

기도하기

하나님 아버지, 사도 요한처럼 예수님을 뜨겁게 사랑하고 사랑받는 제자가 되기를 간절히 원합니다. 죄를 지어도 용서하시는 주님이심을 믿고

이 험한 세상을 씩씩하고 담대하게 살아갈 수 있기를 예수님의 이름으로
기도합니다. 아멘!

삶으로 쓰는 요한복음 이야기

새 계명

· 요한복음 13:31-38

유다가 나간 후에 예수님은 임박한 부활과 승천을 염두에 두시며 예수님의 죽음을 통해서 인자가 영광을 받았고 하나님이 인자를 통해서 영광을 받으실 것을 말씀하셨습니다. 또 "아이들아(My children)" 애정 가득한 호칭으로 제자들을 부르시며 "새 계명을 너희에게 준다. 서로 사랑하여라. 내가 너희를 사랑한 것 같이 너희도 서로 사랑하여라. 너희가 서로 사랑하면 모든 사람이 너희가 내 제자인 줄 알 것이다"라고 말씀하셨습니다.

예수님이 하나님의 사랑의 총체이셨듯이 이제는 각각의 제자들은 그리스도의 사랑을 나타낼 수 있어야 합니다. 이 사랑은 모든 믿는 이들뿐 아니라 이 세상을 향해서도 그리스도의 제자임을 드러내는 표식이 될 것입니다.

그런데 성급한 베드로는 예수님께서 가시겠다고 하신 말씀의 꼬리를 잡았습니다. 그는 예수께서 어디로 가시는지 알고 싶다고 하였습니다. 베드로는 지금 예수님과 함께 있고 싶었던 것입니다. 그러나 예수님은 베드로에게 지금은 나를 따라올 수가 없다고 하셨습니다. 베드로는 무엇 때문에 이렇게 말씀하시는지 이해할 수 없었습니다. 그는 나름대로 예수님에 대한 사랑과 용기로써 죽음도 불사하고 어떠한 도전도 견딜 것이라 확신하였기에 주님을 위해 목숨을 내놓겠다고 용기를 내어 말씀드렸습니다.

그러나 베드로는 자기 자신을 몰랐을 뿐 아니라 자신에게 역사하는 사탄의 권세를 모르고 있었습니다. 예수님은 호언장담을 하는 베드로에게 날이 새기 전에 '나를 세 번 모른다고 부인할 것'이라고 말씀하셨습니다.

◆ 예수님께서는 새 계명을 주셔서 예수님이 우리를 사랑하신 것 같이 우리가 서로 사랑하여서 우리가 예수님의 제자인 줄을 사람들이 알기를 바라십니다.

◆ 예수님께서는 이제 마지막으로 제자들에게 새 계명을 주셨습니다. "내가 너희를 사랑한 것 같이 너희도 서로 사랑하여라." 새 계명은 예수님이 우리를 사랑하신 것처럼 우리도 서로 사랑하는 것입니다. 사랑이 많으신 하나님께서는 인간들이 죄 가운데 살다가 지옥 불에 들어가 영원히 고통당할 것을 불쌍히 여기셨습니다. 독생자 예수님을 이 세상에 보내서 우리의 죄를 대신 짊어지시고 십자가에 죽게 하심으로 우리의 모든 죄를 대속해 주셨습니다. 그러므로 이제는 예수님을 믿기만 하면, 멸망하지 않고 영생을 얻습니다. 우리가 예수님의 말씀대로 예수님이 우리를 사랑하신 것을 본으로 삼아 형제를 진심으로 서로 사랑한다면, 예수님께서는 그것을 기쁘게 보시고 우리를 제자로 삼으실 것입니다. 예수님을 믿는다고 하면서 행복하지 못하고 기쁨이 없는 것은 예수님의 말씀대로 살지 않기 때문일 것입니다. 예수님께서는 "나의 계명을 지키는 자라야 나를 사랑하는 자"라고 하셨습니다. 우리가 예수님의 계명을 지키면, 예수님의 사랑을 깊이 체험하며 살게 되며 진정한 그리스도인 즉 그리스도의 제자가

되는 것입니다.

하나님 아버지, 새 계명을 주셔서 감사합니다. 예수님께서 저희들을 사랑하신 것같이 저희들도 서로 사랑할 수 있기를 원합니다. 저를 힘들게 하고 고통스럽게 하는 이들까지도 사랑하고 축복할 수 있게 해 주시기를 기도합니다. 예수님의 계명을 항상 지키는 진정한 제자가 될 수 있기를 예수님의 이름으로 기도합니다. 아멘!

길이요, 진리요, 생명이신 예수님

· 요한복음 14:1-6

예수님의 제자들은 당황하여 어쩔 줄 모르며 완전히 낙담하게 되었습니다. 예수님이 가실 것이다. 예수님은 죽으실 것이다. 베드로는 예수님을 세 번이나 부인할 것이다. 열두 제자 중 하나는 배반자가 될 것이다. 그리고 모든 제자들이 떨어져 나갈 것이라는 예수님의 말씀들은 그들을 근심의 나락으로 끌어내렸습니다. 그때 예수님께서는 "너희는 마음에 근심하지 말라 하나님을 믿고 또 나를 믿으라"고 제자들을 위로하셨습니다.

오직 믿음만이 모든 근심을 해결할 수 있기 때문에 예수님께서는 이렇게 말씀하신 것입니다. 다른 방법으로는 근심을 해결할 수 없습니다. 오직 믿음으로 구원받습니다. 근심도 믿음으로만 해결할 수 있습니다.

예수님은 또 내가 먼저 가서 너희들이 거할 곳을 마련하시고 다시 오셔서 제자들을 데려가 예수님이 계시는 곳에 함께 있게 하시겠다고 약속하셨습니다. 내가 가는 곳으로 가는 길을 제자들도 알 것이라고 하셨습니다. 그러자 도마는 주님이 가시는 곳을 알지 못하는데 어떻게 갈 수 있냐고 당혹한 심정으로 예수님께 여쭈었습니다.

그러자 예수님께서는 "내가 곧 길이요 진리요 생명이니 나를 통하지 않고는 아버지께로 올 사람이 없다"라고 말씀하셨습니다. 예수님께서는 자신이 곧 길이라고 말씀하셨습니다. 예수님을 믿어야 하나님 아버지께로

삶으로 쓰는 요한복음 이야기

갈 수 있습니다. 예수님을 믿는 것이 하나님 아버지께로 가는 구원의 길입니다. 예수님께서는 자신이 곧 진리라고 말씀하셨습니다. 예수님의 말씀은 진리입니다. 진리로서의 예수님은 구약의 가르침을 성취하시며 참하나님을 계시하십니다. 예수님께서는 또 자신이 생명이라고 말씀하셨습니다. 자신 안에 생명이 있는 생명이시며 따라서 예수님은 자신을 믿는 모든 이들에게 영생을 주실 수 있습니다. 그러므로 우리 안에 예수님의 생명이 계신가, 계시지 않는가를 살펴보아야 할 것입니다. 하나님의 성령을 받은 사람은 우리 안에 예수님의 생명이 있는지 알게 하여 주십니다.

오직 예수님만이 길이요, 진리요, 생명이시며 오직 예수님을 통해서만 하나님 아버지께로 갈 수 있습니다. 오직 믿음으로만 구원받습니다.

◈ **예수님은 우리에게 길이요, 진리요, 생명이시며 오직 예수님을 통해서만 하나님 아버지께로 갈 수 있습니다.**

◈ 믿음이 있는 사람은 믿음만큼 하나님을 알고 믿음만큼 예수님을 알게 된다고 생각합니다. 하나님께서는 전지전능하신 창조주 하나님이시며 절대주권을 가지고 계십니다. 하나님께서 허락하시지 않으시면, 참새 한 마리도 땅에 떨어지지 않는다는 것을 알아야 합니다. 우리에게 어려운 일이 일어난 것은 그 일을 통해서 우리의 믿음이 더욱 자라고 굳건해지게 하시기 위해 하나님이 허락하신 어려움이라 생각합니다. 또 믿음이 있는 사람은 하나님을 사랑하게 되고 하나님의 말씀대로 살게 됩니다. 자신이 원하는 대로 살지 않고, 오직 하나님의 뜻대로 살고자 합니다. 예수님은 분명하게 우리에게 "내가 길

이요 진리이며 생명"이라고 말씀해 주셨습니다. 예수님만 따라가면 인생의 올바른 목적지에 도달하게 될 것이고 진리를 알아 가게 될 것입니다. 또 예수 그리스도의 생명이 내게 항상 있어서 어떠한 인생의 어려움도 극복하고 나아갈 것임을 믿습니다.

기도하기

아버지 하나님, 감사합니다. 길이요 진리이며 생명이신 예수님만 따라가게 해 주시기를 간절히 기도합니다. 오직 하나님 아버지께로 갈 수 있는 유일하신 길이신 예수님을 믿으며 어떤 근심도 극복하고, 어떠한 난관도 헤쳐 나가는 예수 그리스도의 제자들이 될 수 있기를 예수님의 이름으로 기도합니다. 아멘!

삶으로 쓰는 요한복음 이야기

나를 본 사람은 아버지를 본 것이다

• 요한복음 14:7-11

이때 예수님의 열두 제자 중 하나인 빌립은 예수님께 아버지를 보여 달라고 말했습니다. 빌립은 하나님을 보면 하나님을 잘 섬길 것이라 생각하고 이렇게 말한 것입니다.

아마도 빌립은 하나님의 나타나심, 혹은 하나님의 영광이 가시적으로 나타나는 모종의 사건을 기대하고 있었을 것입니다. 그래서 하나님을 보여 달라고 예수님께 부탁한 것입니다.

이때 예수님께서는 나를 본 사람은 아버지를 본 것이나 다름없다고 빌립에게 말씀하셨습니다. 예수님을 알면, 하나님도 알게 됩니다. 예수님께서 말씀하시고 행하시는 것은 예수님께서 스스로 하시는 것이 아닙니다. 하나님께서 예수님 안에 계셔서 하나님이 하시고자 하는 일을 직접 하시는 것입니다.

예수님은 아버지와 하나 되심의 증거를 세 가지로 말씀하셨습니다. 첫째는 예수님은 "내가 아버지 안에 있고, 아버지께서 내 안에 계시다"고 자신의 신분으로 나타내셨습니다. 둘째는 예수님이 하시는 말씀은 스스로 하시는 것이 아니라 아버지께서 하시는 말씀이라고 하셨습니다. 셋째는 예수님이 일으키신 기적들이 바로 하나님의 역사이심을 말씀하셨습니다.

◆ 예수님께서는 하나님 아버지 안에 거하시고 아버지가 하신 일을 하시는 분이시며 예수님을 알게 되면 곧 하나님 아버지를 알게 하시는 분이십니다.

◆ 우리의 눈으로 하나님이 하시는 일을 보았다고 믿음이 생기는 것은 아닙니다. 바리새인들이나 서기관, 장로, 제사장들은 예수님께서 행하시는 것을 얼마나 많이 보았습니까? 그들은 예수님께서 행하시는 것을 보았지만 예수님을 몰랐습니다. 예수님께서 행하시는 것을 보았다고 믿음이 생기는 것은 아닙니다. 예수님이 하신 일을 눈에 보지 않았어도, 예수님께서 말씀하시는 것을 마음으로 믿고, 받아들이는 순간 예수님을 인격적으로 만나게 됩니다. 빌립이 예수님께 아버지를 보여 달라고 한 것은 그가 아직 예수님이 누구신지 몰라 그렇게 물은 것입니다. 예수님을 그렇게 오래 가까이에서 따라다녔던 제자 빌립은 예수님이 어떤 분이신지 몰랐던 것입니다. 그런 것을 보면 평생 교회를 다녔다고 해서 믿음이 깊다고 말할 수 없을 것입니다. 하나님의 말씀을 제대로 알지 못하면 교회 문턱을 많이 드나들었다고 올바른 믿음을 가지게 되는 것이 아님을 알게 됩니다. 예수님이 누구신지 바르게 알아야 하고, 나의 신앙을 고백할 수 있어야 합니다. 믿음은 '들음'에서 나며 '들음'은 '그리스도의 말씀'으로 말미암는다고 하셨습니다. 예수님의 말씀을 '들음'으로 믿음이 생기는 것입니다. 늘 말씀을 가까이하며 그 말씀을 통해 그날그날 내게 주신 뜻이 무엇인지 깊이 생각하고, 그 말씀을 행하는 삶을 살아야 비로소 예수님을 알아 가는 삶이 될 것입니다.

삶으로 쓰는 요한복음 이야기

하나님 아버지, 예수님은 하나님 아버지께로 가는 유일한 길이심을 오늘 다시 깨우쳐 주셔서 감사합니다. 예수님만이 유일하게 아버지께로부터 오신 분이심을 믿게 해 주셔서 감사드립니다. 예수님 안에 하나님이 계심으로 예수님은 하나님의 완전한 계시이심을 알게 되었습니다. 이제 예수님의 말씀대로 살아서 예수님을 정말 삶으로 사랑하는 제자가 되기를 예수님의 이름으로 간절히 기도합니다. 아멘!

진리의 성령을 약속하심

• 요한복음 14:12-17

예수님께서는 '나를 믿는 사람은 내가 하는 일을 그도 할 것이고, 심지어 그보다 더 큰 일도 할 것'이라는 놀라운 축복의 말씀을 제자들에게 약속하셨습니다. 이 말씀은 아무에게나 이루어지는 것이 아니라 예수님을 믿고 사랑하는 사람들에게 예수님께서 약속하신 것입니다.

또 예수님께서는 '너희가 내 이름으로 무엇이든지 구하면 내가 다 이루어 주겠다'고 하셨습니다. 이 모든 것들은 예수님께서 아버지께로 가신 후 성령을 보내셨기 때문에 가능해졌습니다. '너희가 내 이름으로 무엇이든지 구하면 다 이루어 주겠다'고 하신 예수님의 말씀은 결코 마술적인 주문이 아닙니다. 그리스도를 대신하여 그분의 일을 행하는 신자들의 기도가 응답될 것이라는 데 초점이 있습니다. 물론 기도응답의 목적과 열매는 아버지로 하여금 영광을 얻으시게 하는 데 있습니다.

그리고 예수님께서는 너희가 나를 사랑하면 나의 계명을 지킬 것이라고 하셨습니다. 예수님을 사랑하는 사람은 예수님이 하신 말씀을 지키는 사람입니다. 예수님께서 무슨 일을 하셨습니까? 예수님께서는 아버지 하나님의 뜻을 이루시기 위해 이 세상에 오셨고, 아버지 하나님의 뜻을 이루시기 위해 사셨습니다. 그런데 우리의 힘과 노력으로는 예수님처럼 하나님의 일을 할 수 없습니다. 오직 성령의 도움을 받아야 그 일을 할 수 있

삶으로 쓰는 요한복음 이야기

습니다. 그래서 예수님께서는 내가 아버지께 구하겠고 그가 너희와 영원히 함께 있을 다른 보혜사를 보내 주실 것이라고 하셨습니다. 또 그는 "진리의 성령이시라 세상은 그를 보지 못하고 알지 못하나 너희는 그를 알 것이라"고 제자들에게 말씀하셨습니다.

보혜사는 바로 성령을 가리킵니다. 보혜사는 '위로자'를 의미합니다. 하나님께서는 환난과 시험이 많은 세상에서 항상 성령으로 우리와 함께하십니다. 언제나 우리를 담대하게 하시고, 마음에 평강을 누리게 하십니다. 기쁨을 가지게 하시며 우리를 위로하시고 돌봐 주십니다.

◈ **예수님은 진리의 영인 보혜사 성령을 우리에게 보내셔서 우리의 모든 삶을 평강과 승리로 인도하시고, 예수 그리스도를 믿는 자에게 예수님의 모든 능력과 권한을 가질 수 있도록 인도하시는 분이십니다.**

◈ 예수님께서는 하나님을 믿는 우리가 예수님께서 하시는 일을 할 것이라고 약속하셨습니다. 이 엄청난 능력과 영광은 나의 능력과 힘으로 되는 것이 아니라 오직 성령이 임하실 때 할 수 있는 것이라고 하셨습니다. 그러니 내 안에 계신 성령께서 나를 통해 일하시는 것임을 잊지 말고 항상 겸손해야 함을 다짐합니다. 그리고 항상 내 안에 계신 성령이 눈에 보이지는 않지만 내 안에서 살아 역사하심을 믿고 성령과 늘 동행하며 교제하도록 해야 할 것입니다. "성령님, 감사합니다. 사랑합니다. 저를 도와주세요. 끝까지 함께해 주세요. 제게 지혜를 주세요. 승리하게 해 주세요. 기억나게 해 주세요. 죄 짓지 않도록 저를 붙잡아 주세요. 하나님의 뜻을 알게 해 주세요. 하나님의

뜻대로 살게 해 주세요" 기도해야 하겠습니다.

하나님 아버지, 그리스도께서 보내신 보혜사 성령님과 항상 동행하며, 성령님을 의지하여 살아갈 수 있도록 인도하여 주소서. 그래서 매일의 삶이 기쁨과 승리가 될 수 있도록 예수님의 이름으로 간절히 기도드립니다. 아멘!

삶으로 쓰는 요한복음 이야기

내 계명을 지키는 자라야 나를 사랑하는 자니

• 요한복음 14:18-24

예수님의 제자들은 예수님께서 곧 떠나실 것 같은 마음이 들어 매우 불안해하고 두려워했습니다. 제자들은 앞날에 대해 믿음이 작았기 때문에 불안을 느꼈습니다. 근심에 싸여 두려워하는 제자들에게 예수님께서는 "내가 너희를 고아처럼 버려두지 않고 너희에게로 다시 올 것이라"고 말씀하셨습니다. 그리고 예수님께서는 "조금 있으면 세상은 더 이상 나를 보지 못할 것이나 너희는 나를 볼 것이라. 그것은 내가 살고 너희도 살 것이기 때문이라"고 말씀하셨습니다.

이 말씀은 예수님께서 십자가에 못 박혀 죽으시고 사흘 만에 부활하실 것을 말씀하신 것입니다. 그때 제자들이 예수님을 다시 보게 될 것이라고 말씀하신 것입니다. 예수님은 제자들이 살아 계신 예수님을 항상 모시고 살게 될 것이라고 말씀하셨습니다. "그날에는 내가 내 아버지 안에 있고, 너희가 내 안에 있고, 내가 너희 안에 있는 것을 너희가 알게 될 것이다".

예수님께서는 "내 계명을 지키는 사람이 나를 사랑하는 사람이다. 나를 사랑하는 사람은 내 아버지께 사랑을 받고 나도 그를 사랑하여 그에게 나를 나타낼 것이다" 말씀하셨습니다.

예수님의 계명을 지키는 사람은 하나님을 사랑하는 사람입니다. 이런 사람은 하나님의 사랑을 받을 뿐 아니라, 예수님께서도 이 사람을 사랑하십니다. 그래서 그에게 예수님의 사랑을 나타내십니다. 예수님을 사랑하면 예수님의 말씀을 지키게 됩니다. 말씀을 지키는 자를 하나님 아버지께서 사랑하시고 예수님께서도 그를 사랑하시며 그에게 사랑을 나타내십니다.

◈ **예수님께서는 십자가에 못 박혀 죽으시고 사흘 만에 부활하신 후에 하늘로 승천하셨으며, 우리와 성령으로 함께 하시면서 예수님의 말씀을 지키는 자를 사랑하시며 그에게 사랑을 나타내시는 분이십니다.**

◈ 내 안에 예수 그리스도를 항상 모시고 있는지 반성해 보게 하는 말씀입니다. 예수님을 모시고 살고 있다고 하면서 예수님이 하신 말씀을 잘 지키지 않으면 주님을 사랑하는 것이 아닌데 그동안 예수님을 사랑한다고 하면서 얼마나 수없이 계명을 어겼는지 참 부끄럽고 죄송한 마음입니다. 이 시간을 통해 서로 사랑하라고 하시는 예수님의 말씀대로 살지 못함을 회개합니다. 예수님은 우리가 아무리 죄가 많고, 계명을 잘 지키지 못해도 우리를 고아처럼 내버려 두지 않으시고 끝까지 우리를 참아 주십니다. 그런 예수님께 내가 감사함을 표할 수 있는 길은 오직 예수님의 말씀을 지키는 일이 될 것입니다. 하나님을 사랑하고 이웃을 사랑하는 삶이 예수님께서 우리에게 당부하신 말씀입니다. 작은 것부터 사랑을 실천하는 삶을 매일 살며 주님의 제자가 되기를 간절히 바랍니다.

삶으로 쓰는 요한복음 이야기

기도하기

　오늘 그동안 제대로 말씀을 지키지 못했던 것을 깊이 반성하고 회개합니다. 그러나 이 못나고 어리석고 인내심도 부족한 연약한 저를 항상 버리지 않으시고 잠잠히 기다려 주시는 예수님께 너무나 감사드립니다. 성경 말씀을 더욱 더 연구하고 읽고 묵상하며 말씀의 의미를 깨닫고 삶에서 실천하는 자가 될 수 있기를 예수님의 이름으로 기도합니다. 아멘!

나의 평안을 너희에게 주노라

• 요한복음 14:25-31

예수님께서는 보혜사 성령이 임하시면, 모든 것을 가르치시고 그가 말씀하신 모든 것을 생각나게 하실 것이라고 하셨습니다. 보혜사 성령이 우리에게 임하시면, 모든 것을 우리에게 가르쳐 주십니다. 그래서 모르는 것이 없게 하시고, 못할 일이 없게 하십니다. 해결하지 못할 것이 없게 하십니다. 성령은 완전한 교사이십니다.

또 예수님께서는 제자들에게 평안을 빌어 주시며 "너희는 마음에 근심하지도 말고 두려워하지도 말라"고 말씀하셨습니다. 또 예수님 안에 있는 평안을 우리에게 주시겠다고 말씀하셨습니다. 예수님이 주시는 평안은 세상이 주는 것과 같지 않다고 말씀하셨습니다. 세상이 주는 평안은 잠시 평안할 뿐 계속되지 않습니다. 세상이 주는 평안으로는 참평안을 누릴 수 없습니다.

예수님은 십자가의 고난과 죽음을 앞두고도 어떻게 평안하실 수 있었을까요? 그것은 죽음 후에 일어날 일을 미리 알고 계셨기 때문입니다. 예수님께서 십자가를 지심으로 이루어질 일을 그분은 미리 아셨습니다. 그리고 이 일을 통해 예수님께서 받으실 영광이 크다는 것도 아셨습니다. 어려운 일이 닥친다 해도, 그 후에 일어날 일을 안다면, 그 어려움이 오히려 축복이 된다는 것을 안다면, 우리는 어려움을 참을 수 있고, 이겨 낼

삶으로 쓰는 요한복음 이야기

수 있을 것입니다. 아무것도 걱정되지 않고 마음에 평안을 가질 수 있습니다.

예수님께서는 십자가를 지심으로 자기 백성을 그들의 죄에서 구원하시려는 하나님의 뜻을 이루셨습니다. 하나님의 뜻이 이루어짐으로 하나님께서 영광 받으실 것입니다. 예수님은 이것을 아셨습니다. 십자가의 고난이 눈앞에 다가왔지만, 예수님의 마음에는 평안이 있었습니다.

예수님께서는 십자가에 못 박혀 죽으시고 다시 살아나실 것을 아셨습니다. 이로 말미암아 그리스도 예수 안에서 죽은 자들을 다시 살리실 것을 예수님께서는 아셨습니다. 그래서 십자가 앞에서도 평안하셨습니다.

◈ **예수님은 성령님을 우리에게 보내 주셔서 우리에게 평안을 주시고 아무 것도 근심하고 염려하지 않도록 위로해 주시는 그리스도이십니다.**

◈ 보혜사이신 진리의 성령이 모든 것을 가르쳐 주시고 예수님이 말씀하신 모든 것을 깨닫게 해 주십니다. "제 안에 계신 성령님, 저를 아시고 제 형편을 아시는 성령님, 제가 어떻게 하면 좋을까요? 제게 가르쳐 주세요. 제게 말씀해 주세요" 이렇게 늘 기도해야 하겠습니다. 또 예수님께서 그렇게 하셨듯이 어려운 일이 닥친다 해도, 그 후에 일어날 일을 안다면, 어려운 일이 오히려 축복이 됨을 알게 될 것입니다. 어려움을 기쁨으로 참아냄으로 이길 수 있을 것이며 마음에 평안을 가질 수 있음을 믿습니다.

하나님 아버지, 감사합니다. 성령께서 우리에게 말씀하시는 모든 것을 가르쳐 주시고 예수님께서 말씀하신 것을 기억나게 하셔서 말씀을 붙잡고 살게 하여 주시기를 간절히 바랍니다. 항상 성령님을 의지하여 이 세상의 모든 어려움을 물리치고 평안하고 담대하게 살아갈 수 있기를 예수님의 이름으로 간절히 기도합니다. 아멘!

나는 포도나무요, 너희는 가지다

• 요한복음 15:1-10

예수님께서는 "나는 참포도나무요, 너희는 가지다" 말씀하셨습니다. 예수님과 우리는 생명의 관계를 맺고 있습니다. 가지가 나무에 붙어 있어야 사는 것처럼, 예수님께 붙어 있어야 우리는 삽니다. 예수님으로부터 떨어지면 죽습니다. 예수님이 안 계시면 우리는 살 수 없습니다.

또 예수님께서는 열매를 맺지 못하는 가지는 아버지께서 그것을 제거해 버리시고, 열매를 맺는 가지는 더 열매를 많이 맺게 하기 위해 그것을 깨끗하게 하신다고 말씀하셨습니다. 포도가 하나도 열리지 않은 가지는 그대로 둘 필요가 없이 가지는 잘라 버립니다. 그리고 포도가 많이 열린 가지는 포도를 다 딴 후 더 좋은 포도를 맺을 수 있도록 가지를 손질합니다. 예수님은 제자들에게 예수님께서 해 주신 말로 제자들이 이미 깨끗해졌다고 말씀하셨습니다.

예수님께서는 가지가 포도나무에 붙어 있지 아니하면 스스로 열매를 맺을 수 없다고 하셨습니다. 우리가 예수님 안에 거할 때 열매를 많이 맺을 수 있다고 말씀하십니다. '나를 떠나서는 너희가 아무것도 할 수 없다'고 예수님께서 말씀하십니다. 가지가 나무에서 떨어져 말라죽으면 땔감으로밖엔 쓸 데가 없습니다. 이와 마찬가지로, 우리가 예수님 안에 거하지 않고, 예수님을 떠나면 포도나무 가지가 말라 버리듯 우리도 죽습니다.

예수님께서는 아버지께서 나를 사랑하신 것같이 나도 너희를 사랑하였으니 나의 사랑 안에 거하라 말씀하십니다. 그리고 내 계명을 지키는 것이 내 사랑 안에 거하는 것이라고 말씀하십니다.

예수님의 계명을 지키는 사람이 예수님의 사랑 안에 거합니다. 예수님의 계명을 지키는 사람이 예수님을 사랑하는 사람입니다. 예수님을 사랑하는 사람은 예수님의 사랑을 받습니다. 예수님이 사랑하는 사람은 하나님 아버지께서도 사랑하십니다.

◆ **참포도나무이신 예수님은 가지인 우리를 꼭 붙어 있도록 해 주시고 뿌리로부터 물과 양분을 공급해 주셔서 우리의 믿음이 잘 자라고 열매를 많이 맺을 수 있도록 항상 보살펴 주시는 분이십니다.**

◆ 오늘 말씀에서 예수님을 떠나서는 우리가 아무것도 할 수 없음을 깨닫게 됩니다. 항상 예수님 안에 거하고 예수님을 붙잡게 되기를 다짐합니다. 예수님을 사랑하는 길은 예수님의 계명을 지키는 것입니다. 예수님을 사랑한다고 말로만 말하고 계명을 지키지 않는다면 그것은 사랑하는 것이 아닐 것입니다. 예수님이 말씀하신 것을 하나하나 지켜서 열매를 많이 맺어 하나님 아버지께 영광을 드리는 삶을 살기를 기도합니다.

기도하기

농부이신 하나님 아버지께서 포도나무이신 예수님을 보내셔서 가지인 우리의 삶을 지탱하게 해 주시고 햇빛과 물과 양분을 항상 공급해 주셔서

삶으로 쓰는 요한복음 이야기

열매를 맺도록 잘 자라게 해 주신 은혜를 감사드립니다. 예수님의 이름으로 기도합니다. 아멘!

예수님의 기쁨

• 요한복음 15:11-17

예수님께서는 예수님의 기쁨이 우리 안에 있어 우리도 기쁨이 충만하기를 원하셨습니다. 예수님의 기쁨은 완전한 기쁨이요 영원한 기쁨입니다. 예수님께서는 예수님의 기쁨이 우리에게 충만하기를 원하십니다.

예수님은 기쁨으로 충만해지기 위해서 "내가 너희를 사랑한 것 같이 너희도 서로 사랑하라"고 말씀하셨습니다. 예수님의 계명대로 서로 사랑하며 살 때 기쁨이 충만해진다고 말씀하셨습니다.

예수님께서는 우리를 종으로 생각하지 않으시고 나의 친구라고 하시며 사람이 친구를 위하여 자기 목숨을 버리면 이보다 더 큰 사랑이 없다고 말씀하셨습니다. 사랑 중에 가장 큰 사랑은 친구를 위해 자기 목숨을 버리는 사랑일 것입니다. 예수님께서는 친구를 위해 자기 목숨을 버리셨습니다.

예수님께서는 너희가 내 이름으로 아버지께 무엇을 구하든지 다 받게 하시겠다고 약속하셨습니다. 우리를 친구로 대하시며 자기 목숨을 아끼지 않으시고 우리를 위해 무엇이든 내어 주시는 예수님께서 우리에게 진정으로 당부하시는 것은 예수님이 우리를 사랑하신 것같이 우리도 서로 사랑하라고 하신 것입니다.

◆ 예수님은 우리를 친구로 대해 주시며 모든 것을 생명까지도 아끼지

삶으로 쓰는 요한복음 이야기

않으시고 다 내어 주시는 분이시며 예수님이 우리를 사랑하신 것같이 우리도 서로 사랑하라고 말씀하십니다.

◆ 사람은 자신의 믿음만큼 하나님과 다른 사람들을 사랑하게 되는 것 같습니다. 우리의 믿음의 정도에 따라서 그만큼 하나님을 사랑하게 되고 또 하나님이 서로 사랑하라고 하신 계명을 지키려고 할 것입니다. 더욱 믿음이 깊어지고 커지기를 성령님께 간절히 간구합니다. 예수님은 우리를 친구라고 하셨습니다. 이 얼마나 놀라운 호칭인가요? 어떻게 감히 우리를 친구로 대접해 주시며 친구를 위하여 목숨을 버리셨는지 예수님의 사랑에 감동합니다. 예수님은 그토록 우리를 사랑해 주셨는데 우리는 얼마나 예수님을 사랑하고 계명을 지키는 것일까요? 참 죄송하고 부끄러운 마음입니다. 또한 예수님이 우리를 사랑해 주시는 만큼 우리는 과연 얼마나 사람들을 사랑하고 있는 것일까요? 그것도 너무 부끄럽고 죄송한 마음입니다. 예수님을 더욱 뜨겁게 사랑하기를 기도합니다. 또 예수님의 당부하신 이웃 사랑을 실천하는 삶을 살기를 다짐합니다.

기도하기

하나님 아버지, 감사합니다. 저희들을 친구로 생각해 주시고 저희들을 위해 목숨을 버리신 그 사랑을 항상 기억하고 저희들도 그 사랑을 주위 사람들에게 전하고 나누는 삶을 살게 되기를 기도합니다. 또 항상 주 안에서 평안하고 주님을 사랑하며 성령님의 인도함을 받는 신실한 주의 자녀로 살아가기를 예수님의 이름으로 간절히 기도합니다. 아멘!

그리스도인들은 박해를 받기도 합니다

• 요한복음 15:18-21

예수님께서는 우리가 예수님의 이름으로 말하고, 예수님의 이름으로 증거하는 것 때문에 세상은 우리를 박해할 것이라고 말씀하셨습니다. 세상은 예수님을 보내 주신 하나님을 알지 못하기 때문입니다.

하나님과 친구가 되면 세상의 미움은 감수해야 할 것입니다. 반대로 세상과 친구가 되는 것은 하나님의 적이 되는 것입니다. 예수님께서는 일찍이 제자들에게 이 세상의 미움에 대해서 경고를 하셨습니다. 믿는 사람들은 이 적대감에 놀랄 수도 있을 것입니다. 그러나 그때 예수님께서 태어나실 때부터 헤롯의 살해 음모를 받으시고, 십자가에 돌아가실 때까지 끊임없이 미움을 받으셨다는 것을 기억해야 할 것입니다.

예수님께서는 "너희는 세상에 속한 자가 아니요 도리어 내가 너희를 세상에서 택하였기 때문에 세상이 너희를 미워하는 것이라"고 말씀하셨습니다. 그리스도인들이 세상에서 박해 받는 것은 그리스도인들은 세상에 속한 자가 아니기 때문입니다.

그리스도인들은 하나님의 택하심을 받았기 때문에 세상의 미움을 받습니다. 하나님께서 택하신 사람은 하늘에 속한 신령한 복을 받은 사람입니다. (에베소서 1:3) 하나님께서는 창세전부터 우리를 택하셨습니다. 우리가 태어나기도 전에, 하나님께서 세상을 만드시기 전에 하나님께서는 우

삶으로 쓰는 요한복음 이야기

리를 하나님의 백성으로 택하셨습니다.

하나님의 택함을 받은 사람은 큰 축복을 받은 사람입니다. 하나님의 나라에 초대받은 사람은 많으나, 선택된 사람은 적다고 말씀하셨습니다.(마태복음 22:14) 그러므로 하나님의 택하심을 받았다는 것은 큰 축복입니다.

◆ **예수님은 창세전부터 우리를 택하시고 세상에서 부르셔서 우리에게 하늘의 복을 내려 주시는 하나님이십니다.**

◆ 오늘 말씀에서는 그리스도인들에게는 늘 기쁘고 힘이 나는 일만 생기는 것이 아님을 알게 됩니다. 그리스도인으로 세상에서 바르게 살기 위해 애를 쓰려다 보면, 사람들의 미움을 받을 수도 있고 고난이 올 수 있습니다. 강을 건너야 할 때도 있고 때로는 거친 파도를 넘어야 할 때도 있습니다. 그러나 중요한 사실은 하나님께서 우리와 함께하신다는 것입니다. 우리의 무능함과 연약함을 아시고, 형편과 처지를 다 아시는 하나님 아버지께서 함께하시니 어떠한 어려움과 미움과 고난도 물리치고 승리할 수 있게 해 주십니다. 그래서 모든 고난을 물리친 후에 산 소망을 항상 갖게 해 주십니다. 하나님께서는 우리를 사랑하셔서 우리의 죄를 대속하시기 위해 독생자 예수님을 이 세상에 보내 주셨습니다. 우리를 위해 독생자이신 아들도 아끼지 않으시고 내어 주신 하나님께서 무엇인들 우리에게 아까운 것이 있을까요? 아낌없이 다 내어 주시는 그 사랑에 만 분의 일이나마 보답하기 위해서라도 그리스도인들은 세상의 빛으로 살아가야 합니다.

그래서 참빛이신 예수 그리스도를 항상 따르며 매일매일 밝고 힘차게 앞으로 나아가야겠다고 다짐합니다.

기도하기

하나님 아버지, 감사합니다. 환난의 때, 박해가 있는 이 세상에서 우리에게 필요한 말씀을 주서서 정말 감사합니다. 저희들이 항상 이 말씀으로 무장해서 승리의 확신을 가지고 늘 성령 충만한 가운데 주님을 모시고 살게 해 주실 것을 예수님의 이름으로 기도합니다. 아멘!

그들이 이유 없이 나를 미워하였다

• 요한복음 15:22-27

    서기관들과 바리새인들은 예수님의 말씀을 들었지만 예수님을 믿지 않았습니다. 그들은 구약성경을 꿰뚫듯 알았다고 하지만, 정작 예수님께서 그리스도이신 것은 몰랐습니다. 그래서 그들은 예수님을 미워하고, 배척하고 나중에는 예수님을 십자가에 못 박아 죽게 했습니다. 차라리 그들이 이방인들처럼 하나님의 말씀을 몰랐더라면, 그들의 죄가 작았을 것입니다.

    예수님은 유대인들이 예수님께 갖는 증오가 구약성경 특히 시편 69편 4절을 성취한 것이라고 선언하십니다. 알고도 범한 죄와 모르고 범한 죄가 있습니다. 알고도 죄를 범하면, 큰 진노가 있습니다. 몰라서 죄를 범했다면, 몰라서 죄를 범한 것이니 하나님께서 긍휼히 여겨 주십니다. 그러나 서기관들과 바리새인들은 예수님께서 행하신 것을 보면서도 예수님을 영접하지 않고 예수님을 믿지 않았습니다. 그들은 오히려 예수님을 미워했습니다.

    그들은 하나님께 속한 자가 아니었기 때문에 이유 없이 예수님을 미워했습니다. 예수님께서는 "나를 미워하는 자는 또 내 아버지를 미워하는 것이라"고 말씀하셨습니다. 그들은 예수님을 배척한 것뿐만 아니라 하나님을 미워하고 배척한 것입니다. 성령께서 예수님에 대해 증언하십니다.

성령을 받은 사람은 성령으로 거듭납니다. 예수님을 담대히 증거하게 됩니다. 성령 자체가 예수님을 증언하시는 영이기 때문입니다.

◆ 예수님은 하나님 아버지께서 우리에게 보혜사 곧 하나님께로부터 나오시는 진리의 성령을 통해 증거를 받으시는 하나님의 아들이십니다. 예수님께서는 이 세상에 계실 때에 아무도 못 할 일을 행하신 전지전능하신 하나님이시며 불가능이 없으신 분이십니다.

◆ 서기관들과 바리새인들의 죄는 변명할 여지가 없었습니다. 만약 예수님이 세상에 오시기 전이었다면 그들의 죄가 그렇게 크지 않았을 것입니다. 사람들은 자신의 죄에 대하여 그것이 무엇인지 몰랐다고 변명할 수 있었을 것입니다. 그러나 이제 참빛이 이 세상에 임하였는데도 그것을 의도적으로 거부한다면 그것은 핑계할 수 없는 행위인 것입니다. 성령이 우리에게 임하시면, 예수님이 누구신가를 알게 해 주시고 우리에게 증언해 주시고 우리에게 가르쳐 주십니다. 보혜사 성령은 우리에게 예수님이 구주이심을 가르쳐 주십니다. 바리새인과 서기관들은 성령을 알지 못하고 믿지 않았기에 예수님을 도무지 알 수 없었습니다. 그들은 그렇게 학식도 많고 율법을 많이 알고 있었지만 정작 예수 그리스도에 대해서는 무지했습니다. 항상 성령 충만한 삶으로 예수님의 제자들처럼 예수님을 뜨겁게 사랑하며 전도하며 평생 살아가기를 간절히 기도합니다.

삶으로 쓰는 요한복음 이야기

하나님 아버지, 감사합니다. 예수님이 하나님의 아들이시며 우리의 죄를 대속하시기 위해 이 세상에 오신 그리스도이심을 믿게 하여 주셔서 너무나 감사합니다. 내주하시는 성령께서 저희들에게 항상 밝히 깨닫게 하여 주셔서 예수가 하나님의 아들인 그리스도이심을 굳게 믿고 또 그 이름을 힘입어 생명을 얻는 삶을 살기를 예수님의 이름으로 기도합니다. 아멘!

보혜사[15] 성령이 하시는 일

• 요한복음 16:1-11

예수님께서는 제자들이 장차 일어날 일을 겪으며 실족하지 않게 하시기 위해 제자들을 말씀으로 위로하시고 격려하셨습니다. 예수님께서는 하나님이 얼마나 신실하신가를 제자들에게 보여 주셨습니다. 믿음이 약한 사람은 환난이 오고 핍박이 오면 흔들립니다. 그래서 신앙을 포기하는 사람도 있습니다. 이것이 실족하는 것입니다.

예수님의 제자들은 아직 성령을 받지 못해 믿음이 작았습니다. 그래서 예수님께서는 "사람들이 너희를 회당에서 쫓아낼 것이다. 그뿐만 아니라 너희를 죽이는 사람마다 자기가 하나님을 섬기고 있다고 생각할 때가 올 것이다. 그들은 아버지나 나를 알지 못하기 때문에 이런 일을 행할 것이다"고 말씀하셨습니다. 후에 제자들이 어려움에 빠졌을 때 예수님이 그때 하신 말씀을 기억하고 잘 이겨 내기를 당부하셨습니다.

예수님께서는 "내가 떠나가는 것이 너희에게 유익하다. 내가 가지 않으면 보혜사가 너희에게 오시지 않을 것이다. 내가 가면 보혜사를 너희에게 보낼 것이다"라고도 하셨습니다. 예수님께서 떠나시면, 예수님은 보혜사 성령으로 우리에게 오실 것이라고 말씀하십니다. 예수님께서는 언제나

---

15) 보혜사: 보살피며 은혜를 베푸시는 분, 신자들을 강하게 하고 진리 가운데로 인도하시는 중보자. 주로 성령 하나님을 가리킴

삶으로 쓰는 요한복음 이야기

우리를 돌보시고 우리를 지켜 주십니다. 성령님은 영원토록 우리와 함께 하십니다.

성령을 받은 사람은 성령으로 말미암아 죄가 무엇이며, 의가 무엇이며, 심판이 무엇인가 알게 됩니다. 그러므로 어떤 핍박과 환난이 있어도, 흔들리지 않고 낙심하지 않고 승리할 수 있습니다.

◆ **예수님께서는 자기 백성을 그들의 죄에서 구원하시기 위해 십자가에 못 박혀 죽으시고 부활하셔서 하나님 보좌 우편에 계시며 보혜사 성령을 보내셔서 지금 우리와 함께 계시는 분이십니다.**

◆ 예수님이 떠나가실 것이란 사실이 제자들을 침울하게 만들었습니다. 그러나 예수님의 떠나가심은 제자들에게 필요하였고 유익한 일이었습니다. 그가 가시지 않으면 예수님 대신 보혜사 성령님이 오시는 기쁜 소식이 없었을 것입니다. 예수님이 떠나가지 않으시면 속죄를 이룰 보혜사를 보내실 영광의 주님이 존재하지 않게 됩니다. 믿음의 삶을 살아가면서 어떤 일을 당해도 실족하지 않으려면 성령으로 충만해야 함을 오늘 말씀에서 다시 깊이 깨닫게 됩니다. 성령으로 충만해야 믿음이 충만해지고 믿음이 충만하면 무슨 일이 있어도 실족하지 않을 것입니다. 성령은 우리가 예수님을 알도록 우리에게 예수님을 증거해 주십니다. 우리의 믿음을 강하게 하시고 모든 환난과 시험을 이기게 하십니다. 우리가 그리스도의 증인으로 살다가 하나님의 나라에 들어갈 수 있도록 우리를 책임져 주십니다.

하나님 아버지, 감사합니다. 보혜사 성령을 보내 주셔서 항상 우리와 함께 계시는 예수님의 사랑을 저와 서현이가 항상 기억하고 감사하며 의지할 수 있기를 기도합니다. 또 항상 성령과 지혜가 충만하여 주님을 깊이 알기 원합니다. 주님의 말씀을 늘 기억하고, 주님의 말씀대로 살아가기 원합니다. 어떤 환난이 와도, 승리하게 도와주시기를 예수님의 이름으로 기도합니다. 아멘!

진리의 성령이 오시면

• 요한복음 16:12-15

예수님께서는 제자들에게 아직 말씀하실 것이 많지만, 지금은 제자들이 감당하지 못할 것이라고 하셨습니다. 당시에 제자들은 더 많은 영적 진리를 받아들이기에는 그들의 마음이 굳어져 있어서 예수님의 죽음이 결코 필요한 것으로 받아들여지지 못했습니다. 거기에다 예수님이 곧 떠나실 것이라는 것, 제자들 중 하나는 배신자가 되리라는 것, 나아가 제자들 모두 예수님을 부인하게 되리라는 예언은 더욱더 제자들을 당황하고 두렵게 했을 것입니다.

그러나 예수님께서는 제자들에게 진리의 성령을 보내 주실 것입니다. 진리의 성령이 오시면, 제자들을 진리 가운데로 인도하실 것입니다. 진리의 성령은 깨닫게 하시고, 정확하게 이해하게 하십니다. 진리의 성령이 오시면 진리가 무엇인가 알게 하시고 진리를 믿게 하셔서 구원받게 하십니다. 진리의 성령을 받는 것은 큰 축복입니다.

예수님께서는 진리의 성령이 예수님의 영광을 나타내고 제자들에게 알려 주게 될 것이라고 말씀하셨습니다. 성령은 예수님의 영광을 나타내는 영입니다. 예수님께서는 아버지의 것은 다 내 것이며 진리의 성령이 그 모든 것을 너희에게 알리실 것이라고 제자들에게 말씀하셨습니다. 예수님과 하나님은 하나입니다. 그러므로 예수님을 보는 것이 곧 하나님을 보는 것이요, 예수님의 말씀이 곧 하나님의 말씀입니다.

◆ 예수님은 진리의 성령을 우리에게 보내셔서 우리에게 모든 것을 깨
  닫게 하시고 은혜를 받아 믿음이 더욱 성숙하게 자라고 거룩하게 변
  화되도록 이끌어 주시는 분이십니다.

◆ 성령의 은혜를 받은 사람은 사랑이 많아지고 예수님을 닮아가며 변
  화되어 갈 것입니다. 예수님을 믿은 지 얼마나 되었는지가 중요한
  것이 아니라 내가 예수님을 믿기 전보다 얼마나 더 사랑이 많아지고
  예수님을 닮아 가고 있는지가 중요합니다. 어린아이는 어른이 되면
  성장이 멈추지만 믿음은 계속 죽을 때까지 자라는 것이라 생각합니
  다. 믿음이 점점 장성한 사람이 되어 주님이 기뻐하시는 사람이 되
  고 싶습니다. 그러기 위해서는 늘 말씀을 가까이하고 성령의 은혜로
  제게 주어진 삶에 최선을 다하고 또 하나님 사랑과 이웃 사랑을 실천
  할 것임을 다짐해 봅니다. 진리의 성령이 오시면, 이전에 깨닫지 못
  했던 것을 깨닫게 된다고 말씀하셨습니다. 성령은 제자들의 마음속
  에 역사하여 제자들이 느끼고, 깨닫게 하시며 더 나아가 예수가 구세
  주이심을 증거하고 가르칠 수 있게 해 주십니다.

기도하기

하나님 아버지, 감사합니다. 진리의 성령을 보내 주셔서 오늘도 제게 많
은 것을 깨닫게 하시고 가르쳐 주심을 감사드립니다. 진리의 성령은 오직
하나님 아버지께 들은 것만 말씀하신다고 하셨습니다. 저희들이 항상 예

삶으로 쓰는 요한복음 이야기

수님을 주님으로 모시고 성령이 말씀하시는 것을 들으며 말씀대로 살 수 있도록 인도하여 주시기를 예수님의 이름으로 기도합니다. 아멘!

너희 근심이 기쁨이 되리라

• 요한복음 16:16-24

　근심하고 있는 제자들에게 예수님은 앞으로 있을 부활과 승천하실 때까지의 40일 동안에 일어날 일들을 말씀하셨습니다. 제자들은 예수님의 말씀을 이해할 수 없었습니다. 그들은 예수님이 말씀하신 일이 일어난 후에야 그 의미를 깨달을 수 있었습니다. 예수님은 제자들의 당황함을 이해하셨지만 이제 곧 시간이 흐르면 성령님이 가르치시는 사역의 도움으로 확실해질 것을 아시기에 상세히 풀어 설명하지는 않으셨습니다.

　예수님의 죽으심으로 세상은 기뻐하고 제자들은 근심하겠지만 곧 그 근심은 기쁨이 될 것이라고 말씀하셨습니다. 아이를 낳을 때의 고통이 크지만 새로운 탄생의 순간에 겪을 고통이 곧 기쁨으로 변하듯이 후에 부활하신 예수님을 만난 제자들의 기쁨은 말할 수 없이 컸습니다.

　예수님께서는 '진실로'를 두 번 반복하시며 간곡하게 제자들에게 내 이름으로 하나님 아버지께 기도하고 구하라고 말씀하셨습니다. 제자들은 이 땅에 파견된 예수님의 대사들입니다. 그러므로 그분의 뜻을 이루기 위해서 필요한 것을 아버지께 구할 권리가 있습니다. 예수님이 '내 이름으로 구하라'고 하시는 말씀은 아버지의 뜻을 행하는 자에게 주시는 당연한 권한이자 능력입니다. 예수님의 이름으로 기도할 때에만 하나님 아버지께서 응답해 주시고 제자들에게 기쁨이 충만할 것입니다.

◈ 예수님은 부활하시고 승천하셔서 지금 하늘 보좌 우편에 계시며 우리에게 성령을 보내 주십니다. 또 우리를 위해 항상 기도하시며 예수님의 이름으로 하나님 아버지께 기도하는 모든 자녀들에게 응답하시고 기쁨을 주시는 분이십니다.

◈ 오늘 말씀에서 낙심하고 근심하고 있는 제자들을 위로해 주시는 예수님의 마음이 깊이 느껴집니다. 당황하고 두려움에 처한 제자들에게 위로하시고 힘을 주시는 예수님께서는 지금도 똑같이 말씀하십니다. 내가 주님을 사랑한다면 내 안에 항상 기쁨이 있어야 함을 깨닫게 됩니다. 예수님이 나의 죄를 사해 주시고 영원한 생명을 주셨다는 것을 항상 잊지 않으면 일상에서 생기는 크고 작은 모든 고통과 슬픔과 어려움을 극복해 나갈 수 있습니다. 지금도 나를 위해서 하늘에서 기도하고 계시는 예수 그리스도이심을 잊지 말아야 할 것입니다. 매일 기도와 말씀으로 만나며 주님이 나와 동행하고 있음을 느끼고 감사하며 살아가자고 다짐합니다. 항상 성령 충만한 삶을 살아가기를 다짐합니다.

기도하기

하나님 아버지, 감사합니다. 한 치 앞을 내다보지 못하는 연약한 인간이지만 예수님이 계시기에 두렵지 않습니다. 항상 기뻐하라, 쉬지 말고 기도하라, 범사에 감사하라고 하시는 말씀을 항상 기억하고 지키겠습니다. 예수님의 이름으로 기도합니다. 아멘!

"담대하여라 내가 세상을 이기었다"

• 요한복음 16:25-33

예수께서는 제자들에게 3년 동안 위대한 스승으로서 말씀과 삶으로 제자들을 가르치셨지만 아직 제자들은 예수님의 계시를 잘 이해하기 어려웠습니다. 그래서 이제는 비유의 방법이 아닌 직접적인 말씀을 주실 것이라고 하셨습니다.

새롭게 다가올 그날에는 제자들이 하나님 아버지와 예수님에 대해 분명하게 이해하게 될 것입니다. 그들이 하나님께 자신들을 위한 요청을 직접 할 수 있으므로 더 이상 예수께서는 그들을 위하여 간구할 필요가 없어진다고 말씀하셨습니다. (그러나 그들의 죄를 위한 중보사역조차 중단된다는 뜻은 아닙니다)

예수님께서 제자들에게 자신이 누구신지를 확실하게 가르쳐 주셨을 때 제자들은 비로소 주님의 가르치심을 분명하게 믿고 이해하게 되었다고 고백했습니다. 그러나 제자들의 신앙고백은 나름대로 정직하고 신실한 것이었지만 예수님께서는 그들의 한계를 누구보다도 잘 아셨습니다.

예수님이 말씀하신 대로 제자들은 예수님이 십자가에 못 박히셨을 때 모두 뿔뿔이 흩어지고 도망갔습니다. 그러나 아버지께서는 그분을 버리지 않으셨습니다. 예수님께서는 제자들에게 "담대하라, 내가 세상을 이기었다"라고 말씀하셨습니다.

삶으로 쓰는 요한복음 이야기

◆ 예수님은 우리의 죄를 대속하시기 위해 하나님 아버지께로부터 세상에 오셔서 죽으시고 부활하시고 승천하셔서 하나님의 보좌 우편에 앉아 계시는 분이십니다. 또 제자들에게 "담대하라, 내가 세상을 이기었다"라고 당당하게 말씀해 주시는 분이십니다.

◆ 오늘 말씀에서 더욱 예수님의 사랑이 느껴집니다. 아직 예수님의 메시아 사역을 잘 모르는 제자들에게 끝까지 인내하시며 정말 하나부터 열까지 자상하게 가르쳐 주시고 몸소 본을 보여 주신 예수님이셨습니다. 아직 하나님의 뜻을 이루시기 전이니 더욱 알지 못하고 당황해 하는 제자들에게 오직 하신 일은 제자들이 하나님 아버지께 직접 의지하고 기도하고 소통할 수 있도록 다리가 되어 주신 것이었습니다. 예수님 자신의 영광을 바라신 것이 아니라 오직 제자들이 하나님 아버지께 의지하도록 가르치셨습니다. 제자들을 위한 사랑, 하나님 아버지께 꼭 붙어 있기를 바라시는 그 사랑에 감동합니다. 예수님의 그 사랑은 지금 우리에게도 똑같다고 생각합니다. 지금도 하늘 보좌 우편에서 계시며 우리에게 성령을 보내서서 우리가 하나님 아버지의 자녀로 잘 살아가게 하시기 위해 성령으로 함께하시며 우리를 위해 기도하고 계시는 예수님께 감사드립니다.

기도하기

하나님 아버지, 주님은 다시 오실 것임을 오늘 말씀으로 새롭게 깨닫게 해 주셨습니다. 저희들이 이 고통의 세상에서 오직 주님이 다시 오실 것을 소망하며, 하루하루 주어진 삶을 충실히 살아가기를 예수님의 이름으로 간절히 기도합니다. 아멘!

예수님의 기도 1

• 요한복음 17:1-8

요한복음 17장의 기도는 '대제사장으로서의 주님의 기도' 또는 '주님의 기도'로 불리어 온 장입니다. 예수님께서는 제자들에게 내가 세상을 이기었다고 말씀하시며 승리로 마무리하셨습니다. 그리고 이제 아버지께로 다시 돌아가시기 전 예수님은 자신을 위하여, 제자들을 위하여, 마지막으로는 미래에 하나님의 자녀들이 될 신자들을 위하여 기도하셨습니다.

예수님은 이제 하나님의 구원의 때가 이르렀음을 말씀하셨습니다. 때가 이르러 아들을 영화롭게 하셔서 그 아들로 영화를 받으시기 위해 아들에게 만민을 다스리는 권세를 주셨음을 감사하셨습니다.

예수님은 영생은 곧 한 분이신 참하나님과 아버지께서 보내신 자 예수 그리스도를 아는 것이라고 말씀하셨습니다. 하나님을 아는 사람은 그분과 밀접한 인격적인 관계를 맺습니다. 그 관계는 일시적인 것이 아니라 영원한 관계입니다.

예수님의 첫 번째 기도인 예수님 자신을 위한 기도는 십자가의 죽음에 이르기까지 순종하여 아버지를 이 세상에서 영화롭게 한 사역을 말씀하신 것입니다. 비록 십자가는 미래의 것이었으나 예수님은 십자가에서 사역을 마치실 것을 확신하고 아버지와 함께 영광으로 돌아가도록 하여 달라는 간구를 반복하신 것입니다.

삶으로 쓰는 요한복음 이야기

예수님의 두 번째 기도는 제자들을 위한 기도이셨습니다. 예수님은 비록 완전치는 못했지만 아버지의 말씀을 지킨 제자들을 높여 주셨습니다.

예수님의 세 번째 기도는 모든 미래의 신자들을 위한 기도이셨습니다. 미래의 신자들이 하나님 아버지와 아들이신 예수 그리스도와의 하나 됨을 본받아 그들도 하나가 되게 기도하셨습니다.

◈ **예수님은 우리에게 영생의 의미가 무엇인지를 확실하게 가르쳐 주시는 분이십니다. 영생은 유일하신 참하나님과 그가 보내신 자 예수 그리스도를 아는 것입니다.**

◈ '주님의 기도'라는 별명이 붙은 요한복음 17장에서는 예수님이 얼마나 기도를 많이 하셨는지를 알 수 있습니다. 오늘 기도는 예수님 자신을 위하신 기도이지만 6절부터는 제자들을 위한 뜨겁고 간절한 기도 그리고 오늘의 우리 같은 신자들을 위한 기도까지 미리 다 예고하셨습니다. 예수님의 사랑이 기도 속에서 깊이 느껴집니다. 누군가를 사랑하게 되면 기도하게 됩니다. 그가 범사에 잘되고 강건해지기를 기도하지 않을 수 없게 됩니다. 예수님은 우선 예수님 자신부터 기도하셨습니다. 예수님 자신이 하나님을 영화롭게 하시기 위해서 하나님의 뜻을 행하시기 위해서 이 땅에 오신 목적을 확실히 하신 것입니다. 우리도 기도할 때 먼저 우리가 주님의 택함 받은 자녀라는 것과 이 세상에 태어난 목적인 주님을 영화롭게 하고 영원히 주님을 즐거워하기 위해 태어난 존재임을 기도해야 할 것입니다. 우리가 그러한 목적으로 태어났기에 우리는 너무나 소중한 존재이며 주님이 소

중하게 여기실 것이기 때문입니다.

하나님 아버지, 예수님의 기도를 읽으며 예수님을 본받아 기도하는 삶을 살기를 원합니다. 하나님을 영화롭게 하고 하나님을 즐거워하는 삶을 살아가기를 간절히 기도합니다. 하나님 사랑과 이웃 사랑을 실천하며 살아갈 수 있도록 예수님의 이름으로 기도합니다. 아멘!

삶으로 쓰는 요한복음 이야기

예수님의 기도 2

• 요한복음 17:6-11

예수님께서는 그의 제자들을 부르시기 전에도, 사역을 베푸시는 중에도 사역을 마칠 때에도, 지금 이 자리에서도 또한 장차 오르실 하늘에서도 오직 제자들을 위하여 기도하셨습니다. 이러한 중보기도는 예수님이 제자들을 얼마나 사랑하셨는지를 잘 말해 줍니다.

예수님께서는 제자들이 아버지의 말씀을 지키었음을 칭찬하십니다. 비록 그들이 완전하지는 않았지만 예수님에 대한 믿음을 가지고 있는 것이 곧 아버지와의 연합에 대한 신뢰였기 때문입니다. 제자들의 믿음은 예수님의 사명을 그들이 믿고 예수님의 말씀을 지키는 것으로 나타났습니다.

예수님의 기도는 적대와 불신에 가득 찬 세상을 위한 기도가 아니라 제자들이 보전되고 성화되기를 바라고 말씀하시는 간구의 기도였습니다. 세상은 반역과 불신앙으로 더 이상 보전될 수 없습니다. 예수님은 제자들이 창조주이신 아버지의 것임에 의지하여 이러한 간구를 드릴 수 있었습니다. 그 제자들로 인하여 예수님이 영광을 받게 되심을 감사하셨습니다.

예수님께서는 이제 곧 하늘에 계신 아버지께로 떠나가고 제자들만 세상에 남게 될 것을 말씀하셨습니다. 남은 제자들은 예수님의 구원의 소식을 전파하고 교회를 세우는 막중한 계획을 수행하기 위하여 세상에 머물러 있어야 했습니다. 세상에 남겨진 제자들의 보전을 위해 예수님은 아버지와 아들이 하나가 된 것같이 저들도 하나가 되기를 뜨겁게 기도하셨습니다.

◆ **예수님은 거룩하신 아버지와 하나가 되신 분이시며 제자들을 위해서 온 힘을 다하시며 기도하시고 보전하시는 분이십니다.**

◆ 예수님의 마음은 온통 제자들에게 가 계셨습니다. 오직 제자들이 예수님이 세상에 안 계셔도 여전히 하나님 아버지께 붙잡힌 바 되어 아버지의 보전을 받으며 세상을 승리하며 살기를 간구하시는 마음이셨습니다. 십자가 죽음과 부활이란 크신 뜻에 비하면 제자들에 대한 사랑은 지극히 개인적인 사랑일 수도 있을 텐데 예수님은 그 사랑을 구별하지 않으시고 오직 제자들의 안위와 보전을 위해 땀을 흘리시며 밤새도록 기도하셨던 것입니다. 비단 제자들뿐이 아닙니다. 지금의 우리들과 같은 신자들에게도 이 사랑을 계속하십니다. 제가 예수님의 그런 크신 사랑을 받고 있다고 생각하니 제가 참 소중하고 주님께 감사하게 됩니다. 또 주님을 따르는 모든 신자들에게 내가 너희를 사랑한 것처럼 너희가 서로 사랑하라고 명령하신 말씀을 깊이 새기게 됩니다.

기도하기

하나님 아버지, 감사합니다. 저는 예수님의 이 폭풍처럼 크고 바다처럼 넓은 사랑을 받고 있는 사람임을 오늘 말씀으로 다시 새깁니다. 제가 늘 예수님의 사랑을 받고 있는 제자로 살아가며 따뜻하고 사랑이 넘치는 삶을 주위 사람들과 함께 나눌 수 있기를 예수님의 이름으로 기도합니다. 아멘!

예수님의 기도 3

• 요한복음 17:12-19

예수님은 제자들을 아버지의 이름으로 잘 보전하고 지키시며 멸망하지 않도록 하셨지만 그러나 가룟 유다는 예외가 되었습니다. 예수님께서는 멸망의 자식을 언급하셨습니다. 예수님과 제자들과의 마지막 만찬 자리에서 예수님은 유다에게 떡 한 조각을 적셔서 주시며 유다가 회개할 수 있는 좋은 기회를 주셨지만 그는 회개하지 않고 자기도 모르게 사탄의 도구가 되고 말았습니다. 예수님께서는 가룟 유다를 다른 제자들과 똑같이 사랑하셨고 3년 동안 기다리셨지만 끝내 유다는 예수님을 배반하고 말았습니다.

예수님께서는 제자들이 세상에 속하지 않고 하늘의 왕국에 속함을 말씀하셨습니다. 예수님께서 하신 말씀은 제자들에게 큰 위로가 되었습니다. 제자들을 위해 하신 기도는 앞으로 제자들에게 닥칠 모든 환난과 고통에서 능히 이겨 내고 승리하게 되는 큰 힘이 되었습니다.

예수님은 내일이면 이곳을 떠나시지만 하나님께서 세상에 남아있는 제자들을 악으로부터 보호해 주실 것을 기도하셨습니다. 또한 제자들이 진리로 거룩해질 것을 기도하셨습니다. 제자들이 세상의 지배를 받지 않고 오직 하나님의 뜻만 행하도록 기도하셨습니다.

아버지께서 예수님을 세상에 보내신 것처럼 예수님께서도 제자들을 세

삶으로 쓰는 요한복음 이야기

상에 보내신 것입니다. 제자들을 위해서 예수님께서는 당신 자신을 거룩하게 하셨습니다. 예수님의 거룩하게 되심은 곧 제자들이 진리로 거룩함을 얻기 위함이었습니다. 그리스도께서 죽으심은 모든 신자들을 하나님의 뜻대로 구별되어 헌신시키는 일입니다.

◈ 예수님은 제자들이 세상에서 하나님 아버지의 보호를 받게 하시고 진리로 거룩함을 얻어 예수님이 하신 일을 제자들도 할 수 있도록 능력을 주시는 분이십니다.

◈ 오늘 말씀에서도 예수님의 제자들을 향하신 사랑과 기도가 계속 뜨겁게 느껴집니다. 제자들을 향하신 기도는 결국 오늘의 우리에게도 똑같이 주시는 말씀이십니다. 예수님을 영접하며 하나님의 자녀가 되는 순간부터 제게도 예수님의 이 하늘같은 사랑과 보호와 관심은 시작된 것입니다. 예수님은 제자들을 보호하실 뿐 아니라 진리로 거룩하게 되기를 기도하셨습니다. 진리로 거룩해지는 것이 어떤 삶일지 생각해 봅니다. 진리는 곧 예수 그리스도이시며 성경에서 예수 그리스도께서 하신 말씀이 될 것입니다. 또한 예수님께서 하신 말씀을 계속 읽고 듣고 암송하고 그대로 지키는 것이 곧 진리로 거룩해지는 삶이 될 것입니다.

기도하기

하나님 아버지, 항상 지금도 저희들을 위하여 기도해 주시며 진리로 우리가 거룩해지기를 원하시는 주님께 깊이 감사드립니다. 저희들이 언제나 주님이 하신 말씀을 잊지 않고 따르게 되기를 기도합니다. 예수님의 이름으로 기도합니다. 아멘!

예수님의 기도 4

· 요한복음 17:20-26

예수님의 기도 중 가장 마지막 부분은 제자들을 통해서 앞으로 그분께로 나올 미래의 신자들을 위한 중보기도였습니다. 교회 시대에 이르러 모든 기독교인들은 직접적으로나 간접적으로나 사도들(제자들)의 증언을 통하여 그리스도께 나아왔습니다.

예수님께서는 이미 당신의 사명이 계승될 것임을 알고 계셨습니다. 예수님이 부활하신 후 성령님을 보내셨고 사도들이 그 힘을 얻어 설교하여 사람들이 회개하고 교회를 형성하게 되었습니다. 이스라엘의 각 대제사장들이 장막이나 성전의 하나님 앞에서 각 지파의 이름을 대표하였던 것처럼 이제 예수께서 대제사장으로서의 모든 미래의 신자들을 하늘의 아버지께서 계신 거룩한 존전으로 인도하신 것입니다.

예수님께서는 미래의 모든 신자들이 하나 됨을 간구하셨습니다. 예수님은 하나님과 그 말씀으로의 순종의 하나 됨과 사랑의 일치와 연합을 위해서 기도하셨습니다. 모든 신자들은 그리스도의 한 몸 안에 속해 있으며 영적으로 하나입니다. 이는 모든 신자들을 통해서 예수 그리스도의 사명을 세상에 나타내시고 하나님께서 그 아들을 사랑하심과 같이 그들도 사랑하심을 나타내시기 위함입니다. 신자들을 구원하신 목적은 예수님과 함께 있을 미래의 영광에 있습니다.

미래의 신자들을 위한 기도는 의로우신 아버지의 이름을 부름으로써 끝을 맺습니다. 예수님께서 신자들에게 하나님 아버지의 이름을 알게 하신 목적은 이들로 하여금 그 사랑 안에서 계속 성장하고 그들의 삶 속에서 예수님과 인격적인 교제를 즐기도록 하는 데 있습니다. 예수님의 신자들을 위한 간구는 보전,[16] 성화,[17] 하나 됨과 그리스도의 영광에의 참여 이렇게 네 가지로 요약할 수 있습니다.

◆ **예수님은 미래에 예수님을 영접하여 하나님의 자녀가 될 신자들까지도 온전히 하나님 아버지께서 보전해 주시기를 기도하시고, 이들이 성화 되고 하나 되고 그리스도의 영광에 참여하시기를 간구하시는 분이십니다.**

◆ 오늘 말씀은 정말 우리에게 너무나 필요하고 중요한 말씀이십니다. 예수님은 십자가에 못 박히시기 전 오늘의 저 같은 신자를 위해서도 뜨겁게 기도하시고 간구하셨습니다. 저를 보전하시고 또 성화 되게 하시기 위해 또 저 같은 신자들이 하나가 되게 하시기 위해 그리고 지금 하늘 보좌 우편에 계시며 다시 오실 그리스도의 영광에 참여하게 하시기 위해 그때 이미 다 기도하신 것입니다. 얼마나 감사한 일인지요? 정말 저를 창세전부터 택하시고 부르신 그 사랑이 오늘 말씀을 통해서 더욱 느껴집니다.

---

16) 보전(保全): 온전하게 보호하여 유지함
17) 성화(Sanctification): 거룩한 모습으로 변화되는 것을 말한다. 구별된 상태

삶으로 쓰는 요한복음 이야기

하나님 아버지, 예수 그리스도를 통해서 그 사랑을 그대로 전해 주심을 너무나 감사합니다. 저를 영원한 생명으로 인도하신 예수 그리스도께 영광과 찬양을 올려 드립니다. 제가 어떤 존재인지를 잊지 않고 하루하루 기쁨으로 승리하며 살아갈 수 있기를 예수님의 이름으로 기도합니다. 아멘!

2. 십자가에 못 박히신 예수님(18:1-19:42)

예수님이 잡히시다

· 요한복음 18:1-11

예수께서 제자들과 함께 최후의 만찬을 가지셨던 방을 나가시어 동쪽 기드론 시내 저편으로 가셨습니다. 이를 안 가룟 유다는 군대와 대제사장들과 바리새인들을 데리고 그곳으로 갔습니다. 예수님께서는 이제 닥쳐올 일을 다 알고 계셨습니다. 너희들이 찾는 나사렛 예수가 바로 나라고 하시자 그 말씀의 권위에 충격 받은 무리들은 물러가서 땅에 엎드러졌습니다. 선한 목자이신 예수님은 잡으러 온 무리들에게 곁에 있는 제자들을 보호하시기 위해서 그들이 무사히 가도록 놓아주라고 명령하셨습니다. 예수님은 양 떼들 중 어느 하나도 잃지 아니하시고 제자들을 향한 아버지의 뜻을 성취하셨으며 자신의 예언을 이루신 것입니다.

이때 베드로가 분노에 차서 예수를 잡으러 온 대제사장의 종 '말고'의 귀를 칼로 베어 버리고 말았습니다. 이러한 베드로의 행동은 나름대로 충성을 표현하는 행동이었지만 하나님의 계획과는 무관한 것이었습니다. 예수님께서는 베드로를 책망하시며 닥쳐올 모든 일이 하나님의 주관 아래에 이루어질 것을 다 알고 계셨고 감당할 것임을 말씀하셨습니다. 누가복음[18]에는 예수님께서 다시 '말고'의 귀를 바로 붙여 주셨다는 기록이 나옵

---

18) 누가복음(Luke): 신약에 세 번째로 나오는 복음서이다. 마태, 마가, 요한복음과 함께 사복음서

니다.

◈ 예수님은 하나님의 계획을 이루시기 위해서 그 어떤 고난과 죽음도 감당하시며 아버지 하나님의 뜻에 완전하게 순종하시는 분이십니다.

◈ 예수님의 제자들에 대한 그리고 우리를 향하신 뜨거운 사랑의 기도가 끝나고 예수님은 곧 하나님의 뜻이 이루어지시도록 잡히시게 될 장소로 향하셨습니다. 오직 아버지의 뜻을 순종하시는 것만이 예수님의 일이셨음을 생각하며 순종하는 삶에 대해서 깊이 배우게 됩니다. 저는 얼마나 하나님의 말씀을 순종하며 살고 있는지를 회개하게 됩니다. 조금만 힘든 상황에 처하게 되어도 얼마나 당황하고 두려움과 겁으로 떨게 되는지요! 그것은 약한 믿음에서 나오는 행동임을 깨닫게 됩니다. 하나님 아버지께서 저를 보전해 주신다는 믿음이 있다면 그렇게 흔들릴까요? 더욱 강건한 믿음을 가지기를 기도합니다. 하나님의 뜻이 아니면 그 어떤 것도 허용하지 않으신 예수님의 믿음과 사랑을 정말 본받아 살고 싶습니다.

기도하기

하나님 아버지의 뜻을 이루시고자 하시는 예수님의 그 놀라운 믿음과 순종에 감사드립니다. 예수님의 그 완전하신 사랑과 믿음을 매일 본받으며 더욱 더 성숙해지고 변화되기를 예수님의 이름으로 기도합니다. 아멘!

예수님을 부인한 베드로

• 요한복음 18:12-27

군대와 천부장과 아랫사람들이 예수님을 결박하여 대제사장 가야바의 장인 안나스에게로 끌고 갔습니다. 예수님의 제자 요한이 베드로와 함께 예수님이 가신 곳으로 따라 들어왔습니다. 문을 지키는 여종이 베드로의 얼굴을 알아보고 예수의 제자 중 하나가 아니냐고 캐물었습니다. "나는 아니라"고 베드로는 부인했습니다. 그는 예수님이 잡혀 들어가신 후 극도의 두려움에 싸였습니다.

대제사장 안나스가 예수님께 네가 가르친 교훈이 무엇이냐고 묻자 예수님께서는 내가 회당과 성전에서 이미 가르친 것을 들은 자에게 물어보라고 말씀하셨습니다. 그는 질문을 하여 어떤 꼬투리를 찾고자 했던 터라 예수님이 대답할 필요가 없으셨습니다. 안나스의 부하 하나가 예수님을 손으로 쳤습니다. 예수께서는 내가 잘못한 것을 증언하라고 지적하셨습니다. 아무 소득이 없이 안나스는 가야바에게로 예수님을 다시 돌려보냈습니다.

불을 쬐고 있던 베드로는 다시 두 번째로 주위의 어떤 사람에게 "네가 예수의 제자가 아니냐?" 하는 물음에 "아니라"고 부인했습니다. 조금 후에 베드로에게 귀를 잘린 사람의 친척인 종이 예수와 함께 있는 베드로를 보았다고 말하자 베드로는 세 번째로 "아니라"고 부인했습니다. 그러자 닭

삶으로 쓰는 요한복음 이야기

이 두 번째 울었습니다.

◆ **예수님은 아무 죄도 흠도 없으셨지만 오직 하나님의 뜻을 행하시기 위해서 고난을 당하시고 모욕을 받으시다가 십자가에 못 박히셨습니다.**

◆ 하나님의 아들이시고 세상에 계시며 많은 기적과 사랑을 베풀어 주신 예수님이 지금 형편없는 죄수의 모습으로 대적들 앞에 끌려오셨습니다. 우리의 죄를 용서하시고 우리를 구원하시고자 하시는 하나님의 뜻을 행하시기 위해서였습니다. 예수님의 고난과 모욕과 죽으심은 바로 우리와 같은 죄인을 위한 것이었습니다. 그런데 예수님의 수석 제자 베드로는 어디로 간 것일까요? 그는 겁에 질려 사람들에게 예수님을 모른다고 했습니다. 다른 복음서에는 심지어 예수님을 저주까지 하고 있습니다. 그런 베드로의 모습은 바로 우리들의 모습이 아닐까요? 비겁하고 이기적이고 항상 자신의 행복만을 추구하는 우리들의 모습이 아니었을까요? 만약 그 자리에 제가 있었다면 베드로와 크게 다르지 않았을 것입니다. 그런 연약한 사람임에도 불구하고 나를 믿어 주시고 사랑해 주시는 예수님께 정말 죄송하고 감사합니다.

기도하기

하나님 아버지, 감사합니다. 예수님이 아니셨다면 저는 영원히 지옥에 갈 인생이었습니다. 저를 구원하셔서 제게 새 생명을 주시고, 영원한 삶을 주신 예수님께 진심으로 감사드립니다. 예수님의 사랑과 구원하심을 항상 잊지 않고 감사하며 살아갈 수 있기를 예수님의 이름으로 기도합니다. 아멘!

삶으로 쓰는 요한복음 이야기

빌라도[19] 앞에 서신 예수님

• 요한복음 18:28-40

유대인들은 예수를 죽이기 위해 로마 총독 빌라도에게 예수님을 끌고 갔습니다. 빌라도는 예수를 끌고 온 유대인들을 향해 예수님을 다시 데려가서 너희 법대로 재판하라고 명령했습니다. 빌라도는 며칠 전 예수님의 개선행진과도 같은 예루살렘 입성을 보았기에 예수님에 대한 고발이 그들의 질투와 시기로 인한 것을 알 수 있었습니다.

로마의 사형법은 십자가형이었습니다. 유대인들이 예수님을 로마 법정에 고발한 것은 십자가에 달리심으로 광야의 놋뱀같이 들리신 예수님에 관한 예언을 이루기 위함이었습니다. 빌라도가 예수님께 "네가 유대인의 왕이냐?"라는 조롱 섞인 질문을 하자 예수님께서는 내 나라는 이 세상에 속한 것이 아니라고 응대하셨습니다.

예수님이 말씀하시는 나라는 하늘로부터 오는 것이지 세상에서 비롯된 것이 아니었습니다. 그것은 사람들의 폭력적인 세력들과 사탄의 세력으로부터 하나님의 나라로 옮기는 하늘로부터의 새로운 출생으로 오는 나라였습니다. 그것은 모든 왕국을 초월한 진리의 나라였으며 진리에 속한 자는 내 음성을 듣는다고 말씀하셨습니다.

'진리가 무엇이냐'고 빌라도가 예수님께 한 질문은 그 후 수세기를 거쳐

---

19) 빌라도: 예수님께 사형을 언도했던 역사적 인물. 예수님 당시 유대에 파견된 로마 총독

반복되어 오고 있습니다. 빌라도는 예수님과의 대화 속에서 예수님이 아무 죄가 없이 붙잡혀 온 것을 알았습니다. 빌라도는 유대인들 앞에서 예수님께 아무 죄를 찾지 못했다고 선언했습니다. 사나운 군중들의 환심을 사기 위해 빌라도는 예수님을 풀어 줄 생각으로 바라바와 예수 중 누구를 명절에 사면시킬 자로 누구를 선택할 것인가 물었습니다. 군중들은 바라바를 풀어 주라고 외쳤습니다.

◈ **길이요 진리이시며 생명이신 예수님은 하나님의 뜻인 인간을 구원하시기 위해 하늘로부터 이 세상에 오신 그리스도이십니다.**

◈ 비열한 유대인들은 예수님을 십자가에 매달아 죽이므로 자기들의 뜻을 이루었다고 생각했겠지만 사실은 하나님의 뜻을 이룬 것입니다. 유대인들의 어리석음과 무지함과 악함을 생각하게 됩니다. 이 과정에서 예수님의 오직 한결같으신 순종을 봅니다. 아무 죄도 없으신 하나님의 아들이신 예수님이 빌라도의 법정에서 참으셔야 했던 온갖 모욕과 멸시, 천대! 우리의 죄를 대속하시기 위해 다 견디셔야 했을 그 사랑과 순종하심에 정말 감사하며 모든 영광 예수님께 올려 드립니다.

기도하기

주님, 너무나 감사합니다. 저의 죄를 사해 주시기 위해, 저에게 영원한 삶을 보장해 주시기 위해 그 모진 고통을 감수하신 예수님을 마음으로 깊이깊이 감사하며 찬송을 올려 드립니다. 예수님을 죽이는 일에 그 자리에 있던 모든 사람들이 한통속이 되었습니다. 만약 제가 그 자리에 있었다면 어떠했을지? 어쩌면 저도 베드로처럼 예수님을 부인하고 저주까지 했을지 모릅니다. 저의 안위를 위해서 그랬을 것입니다. 그런 걸 다 아시면서도 저를 사랑해 주시고 참아 주시고 지금까지 지켜 주시며 보호해 주신 것을 너무너무 감사드립니다. 오늘 말씀을 묵상하며 주님께 향한 감사에 조금이라도 보답하는 삶을 살아가기를 예수님의 이름으로 간절히 기도합니다. 아멘!

"보시오, 이 사람이오"[20]

· 요한복음 19:1-15

군인들은 예수님을 채찍질하고 강제로 가시면류관과 자색 옷을 입히고 '유대인의 왕이여, 평안하라'고 야유하며 조롱했습니다. 빌라도는 예수님에게서 아무 죄를 발견하지 못하여 풀어 주려고 했지만 실패했습니다.

유대 지도자들이 빌라도에게 예수를 십자가에 못 박으라고 소리치자 빌라도는 직접 데려가서 처형하라고 하면서 발을 빼려 하였습니다. 빌라도는 예수의 담대한 모습에 양심의 가책을 받으며 회피하고자 했습니다. 그는 진리를 찾을 기회가 있었지만 결국은 그렇게 하지 못했습니다.

예수님은 빌라도에게 나를 넘겨 준 자의 죄가 더 크다고 말씀하셨습니다. 그 말씀은 예수를 처음 빌라도에게 넘긴 가야바 대제사장의 죄가 더 큼을 의미하는 것이었습니다.

빌라도는 예수님을 놓아주려고 애를 썼지만 결국 유대인과 한편이 되어 예수를 로마 법정의 사형대에 세우고 말았습니다. 빌라도는 유대인들에게 너희 왕을 못 박으라고 예수를 넘겨주고 말았습니다.

◆ 예수님은 하늘의 하나님의 뜻을 행하시러 이 땅에 오셔서 죄인들의

---

20) "보시오, 이 사람이오!": 라틴어로 '에케 호모'. 빌라도가 예수님을 군중 앞에 끌고 나와 외친 소리로 많은 예술가들이 이 하나의 장면에 매료되어 수없이 많은 작품을 창작하였다.

삶으로 쓰는 요한복음 이야기

온갖 모욕과 조롱과 멸시를 받으시며 십자가에 못 박혀 죽으신 분이 십니다.

◆ 예수님을 죽이는 데 가담한 사람들을 헤아려 봅니다. 사사건건 예수님의 죄를 거짓으로 만들어 내고 또 예수님이 그들의 종교적 위선을 비판하시자 신성모독죄로 뒤집어씌워 죽이려는 유대인 지도자들, 대제사장들, 그들의 음모에 가담한 예수님의 제자 가룟 유다와 유대인 무리들, 그리고 로마 법정의 빌라도와 로마 군인들, 두려움에 떨며 다 도망간 제자들과 수많은 군중들이 있습니다. 군중들은 예수님의 죄를 발견하지 못했음에도 군중심리로 부화뇌동했습니다. 예수님을 십자가에 못 박은 장본인은 빌라도였지만 그 주변에는 이렇게 많은 사람들이 예수님을 죽이는 일에 가담했습니다. 예수님은 빌라도의 법정에서 십자가형을 받으셨지만 그 형벌은 바로 그때 그 자리에 있던 사람들 모두에게 있었습니다. 또 있습니다. 예수님을 십자가에 못 박은 사람들만이 죄인이 아닙니다. 예수님의 사랑과 희생에 감사하지 못하고 잊고 살아간다면 결국 같은 사람이 되고 마는 것입니다. 죄를 용서해 주시고 구원해 주신 예수 그리스도께 감사하며 주님의 말씀에 순종하는 삶으로 살아가기를 간절히 기도합니다.

기도하기

하나님 아버지, 말로는 주님께 감사한다고 하고, 주님 사랑한다고 하면서 종교 지도자들과 군중들처럼 위선의 삶을 살았던 적이 수없이 많았던 저를 참아 주시며 끝까지 사랑해 주신 주님께 너무나 감사드립니다. 예수님의 이름으로 기도합니다. 아멘.

십자가에 못 박히시다

• 요한복음 19:17-27

예수님은 십자가를 지시고 골고다(해골산)로 오르셨습니다. 예수님을 십자가에 못 박을 때 양옆에는 강도 두 사람이 매달렸습니다. 빌라도는 예수의 머리 위에 '나사렛 예수 유대인의 왕'이라고 패에 써서 붙였습니다.

대제사장들은 빌라도에게 '자칭 유대인의 왕'이라고 고쳐 쓰라고 항의했지만 빌라도는 그것을 거절하였습니다. 유대인 지도자들의 모함에 넘어간 빌라도는 그들에게 조금이라도 앙갚음을 하고 싶었는지 내가 쓸 것을 썼다고 거만하게 소리쳤습니다. 비록 빌라도로 하여금 쓴 글씨였지만 사실 하나님께서는 예수님이야말로 참으로 '유대인의 왕'으로 오신 분이심을 그의 십자가의 죽음 앞에서 합당하게 선포하신 것입니다.

군인들은 예수님의 겉옷을 벗기고 네 조각으로 나누어 가졌고, 통으로 된 속옷은 제비를 뽑아 가졌습니다. 이는 시편 22편 18절에서 하신 말씀을 이루신 것입니다. 예수께서 벌거벗기고 돌아가셨다는 것은 우리의 죄를 담당하심으로 인하여 수치를 당하신 한 단면입니다. 그러나 동시에 예수님은 죄인들에게 의의 옷을 입혀 주시는 그리스도이십니다.

네 명의 여인들은 예수님께 대한 사랑과 고통으로 이 모습을 지켜보고 있었습니다. 슬퍼하는 어머니의 모습을 본 예수님께서 사랑하는 제자 요한에게 어머니를 돌보아 줄 것을 부탁하셨습니다. 요한은 예수님의 말씀에 순종하여 그때부터 예수님의 어머니를 자기 집에 모셨습니다.

◆ 예수님은 유대인들과 로마 병정들의 온갖 모욕과 멸시 속에서 우리의 죄를 대신 짊어지시고 십자가에 못 박혀 죽으신 그리스도이십니다.

◆ 대제사장들을 비롯한 무리들이 예수님을 끝내 빌라도의 손을 빌어 십자가에 못 박았지만 빌라도는 자기도 모르게 예수님의 머리 위에 '유대인의 왕'이라고 스스로 써서 붙였습니다. 예수님은 하나님의 뜻에 의하여 유대인의 왕이셨지만 십자가에 죽으심으로 그때부터 지금까지 예수님을 믿고 영접하는 자들에게 죄를 용서하시고 구원의 길을 열어 주신 것입니다. 그 자리에 있지도 않고 유대인도 아닌 아시아의 한국에 살고 있는 제게도 구원의 은혜를 베풀어 주신 것에 너무나 감사드립니다. 예수님을 믿고 구원을 받은 것은 정말 일생일대의 감사이고 은혜입니다. 저는 구원받은 자로서 하나님의 자녀답게 살아야 할 것입니다. 착한 행위를 해서 구원을 받는 것이 아니라 구원을 받았기 때문에 감사한 마음으로 말씀을 순종하고 선을 행하는 삶을 살아야 하겠습니다. 예수님은 마지막 순간에도 어머니를 제자 요한에게 부탁하셨습니다. 또 요한복음에는 나오지 않지만 누가복음에서는 십자가 옆에 있던 강도에게도 구원을 베풀어 주셨습니다. 예수님은 그런 상황에서도 하나님의 아들이셨기에 세심하고 놀라운 사랑과 은혜를 베풀어 주신 것입니다.

삶으로 쓰는 요한복음 이야기

하나님 아버지, 감사합니다. 예수님을 믿고 영접하여 하나님의 자녀가 된 것이 정말 너무나 좋고 감사합니다. 저와 서현이가 우리의 죄를 대신 지시고 십자가에 못 박혀 죽으신 예수 그리스도의 은혜를 항상 잊지 않고 구원의 축복으로 한평생을 살아가는 주의 자녀들이 되기를 간절히 예수님의 이름으로 기도합니다. 아멘!

"다 이루었다"

• 요한복음 19:28-37

예수님께서는 시편 말씀(시 42:1; 63:1)을 응하게 하시려고 "내가 목마르다" 하셨습니다. 그리고 "다 이루었다" 하시고 영혼이 떠나가셨습니다. 다 이루었다고 하신 말씀은 하나님의 구속 사역이 완성되었음을 의미하는 것입니다. 로마 군인들이 예수님의 양옆에 달린 죄수들의 다리를 꺾어 죽음을 확실히 하고 예수님께 와서는 이미 돌아가신 것을 보고 다리를 꺾지 않고 창으로 옆구리를 찔렀습니다. 이는 출애굽기 12장 46절, 민수기 9장 12절, 시편 34편 20절에서 "그 뼈가 하나도 꺾이지 아니하리라"라고 말씀한 예언과 스가랴 12장 10절에서 "저희가 그 찌른 자를 보리라"는 예언이 그대로 이루어진 것입니다.

아리마대 요셉은 부자였으며 하나님의 나라를 기다리고 있던 사람이었습니다. 그는 유대 산헤드린 공회의 회원이었지만 십자가형을 당하신 예수님의 시체를 그대로 둘 수 없었습니다. 그는 또 다른 유력자인 니고데모와 함께 예수님을 향료와 세마포로 감싸 정성껏 장례를 치르고 예수님을 자신이 소유한 새 무덤으로 모셨습니다. 이들이 예수님께 한 행위는 이들에게 하나도 득이 될 것이 없는 아주 위험한 행동이었지만 예수님께 대한 진실한 사랑과 존경의 행동이었습니다.

삶으로 쓰는 요한복음 이야기

◆ 하늘로부터 우리 모든 사람의 죄를 대신 짊어지시고 십자가에 못 박혀 죽으시기 위해 이 땅으로 내려오셔서 하나님의 구속사역을 완성하신 그리스도이십니다.

◆ 예수님의 마지막 십자가의 죽으심을 읽으며 정말 허물이 많은 저 같은 사람을 위하여 아무 죄도 없으신 분이 그런 수모를 받으시고 죽으신 것에 죄송하고 감사한 마음뿐입니다. 아리마대 요셉과 니고데모 두 사람을 비교해 봅니다. 그들은 예수님을 못 박은 바리새인들과 같은 부류의 유대인 지도자들이었습니다. 그럼에도 그들은 사람들에게 자신의 신분이 알려지는 것을 개의치 않고 정성을 다해 예수님의 장례를 치렀습니다. 그들은 예수님의 십자가에 죽으시기까지의 과정을 쭉 지켜보며 예수님이야말로 진정한 하나님의 아들이시며 그리스도이심을 깨닫게 되었습니다. 오늘 말씀을 묵상하며 저를 돌아보게 됩니다. 그리고 부활하신 예수님을 의지하며 좀 더 성숙한 믿음을 갖게 되기를 간절히 간구합니다.

기도하기

하나님 아버지, 감사하고 죄송합니다. 저를 위하여 십자가에 달리신 예수님의 그 사랑과 희생을 잊고 살 때가 그동안 너무 많았습니다. 우리의 죄를 대신 지시고 십자가에 못 박혀 죽으신 예수 그리스도의 은혜를 항상 잊지 않고 구원의 축복으로 한평생을 살아가는 주의 자녀들이 되기를 예수님의 이름으로 간절히 기도합니다. 아멘!

3. 부활하신 예수님(20:1-31)

부활하신 예수님을 만난 막달라 마리아

• 요한복음 20:1-18

　안식 후 첫날 즉 일요일에 막달라 마리아와 다른 여인들이 예수님의 무덤에 갔습니다. 막달라 마리아는 예수님이 십자가에 못 박히신 현장의 증인이었고 지금은 무덤에 찾아온 첫 번째 사람이었습니다. 그 무덤은 돌로 닫혀 있었고 로마 총독 빌라도에 의해 봉인되어 있었는데 무덤이 열려 있었고 더욱 그 안이 비어 있었습니다.

　너무도 놀란 마리아는 베드로와 요한에게 달려가서 이 사실을 알렸습니다. 베드로도 달려와서 무덤 안을 들어가 보니 예수님의 시신을 쌌던 세마포와 머리 수건이 속이 빈 채로 그 자리에 놓여 있었습니다. 그들은 너무나 놀랐을 것입니다. 왜냐하면 그들은 예수께서 죽은 자 가운데서 다시 살아나야 하리라는 말씀을 그때까지 깨닫지 못하고 있었기 때문입니다.

　두 제자는 자기 집으로 돌아가고, 마리아만 무덤 밖에서 서서 울다가 무덤 안을 들여다보았습니다. 흰 옷을 입은 천사 두 사람이 예수님의 시신이 있던 자리에 앉아 있었습니다. 천사들이 마리아에게 어찌하여 우느냐 묻자 마리아는 예수님의 시신을 누가 옮겨 놓아 슬퍼하고 있음을 말하였습니다. 그녀의 뒤에 서 계신 예수님이 동산지기인 줄 알고 예수가 어디 계신 줄 알면 알려 달라고 했습니다. 그때 예수님이 "마리아야" 부르셨습니다. 마리아가 놀라움에 예수님을 부르자 예수님께서는 형제들에게 가서 내가 아버지 하나님께로 올라간다는 것을 전하라고 하셨습니다. 마리아는 제자들에게 달려가서 예수님이 살아나신 것을 전하였습니다.

◈ 예수님은 십자가에 못 박혀 죽으시고 장사된 지 사흘 만에 다시 살아나셔서 제자들에게 보이시고 다시 하늘로 승천하신 분이십니다.

◈ 예수님이 부활하셨습니다. 예수님이 부활하신 장면을 읽으며 상상해 봅니다. 빈 무덤에 예수님이 입으셨던 세마포와 머리 수건만 놓여 있었습니다. 제자들은 빈 무덤을 보고 다른 제자들에게 알리려 급히 돌아갔습니다. 그러나 예수님의 무덤을 제일 먼저 찾아 온 막달라 마리아는 예수님이 없어지신 것이 너무 당황스럽고 슬퍼서 그 자리에 못 박힌 듯이 자리를 뜰 수 없었습니다. 마리아는 부활하신 예수님을 가장 먼저 만나 뵙는 축복을 누리게 되었습니다. 그녀는 예수님 때문에 인생이 바뀐 여인이었습니다. 예수님은 사탄의 권세에 짓눌려 비참하게 살아가던 막달라 마리아를 구원하시고 새로운 인생을 살도록 하셨습니다. 마리아는 정말 진심으로 예수님을 따르고 사랑했습니다. 그 진심을 보시고 예수님도 제일 먼저 그녀에게 모습을 보이신 것이라 생각합니다. 마리아는 예수님의 부활 소식을 증거하는 특별한 은혜를 누리게 되었습니다. 세상에 이 기쁜 소식을 가장 먼저 전하는 기쁨을 누리게 된 것입니다. 예수님을 사랑하고 순종하게 되면 정말 마리아처럼 인생이 바뀌고 귀한 사역을 하게 되는 것이라 생각합니다. 오늘 마리아에게서 정말 예수님을 사랑하고자 하는 마음에 도전을 받습니다. 예수님을 뜨겁게 사랑하며 예수님

을 증거하는 사람이 되기를 기도합니다.

하나님 아버지, 감사합니다. 오늘 막달라 마리아에게 큰 도전을 받습니다. 얼마나 예수님을 사랑했으면 제일 먼저 예수님의 무덤으로 달려갔을지. 저도 그녀처럼 온 마음과 정성으로 예수님을 사랑하고 싶습니다. 그리고 예수님을 항상 증거하는 사람으로 살고 싶습니다. 예수님을 사랑하는 사람들이 많아지고 또 예수님의 사랑을 받는 제자들이 되기를 간절히 예수님의 이름으로 기도합니다. 아멘!

"너희에게 평강이 있을지어다!"

· 요한복음 20:19-31

예수님과 함께 거의 잡힐 뻔하였던 제자들은 유대인들의 손에 죽을까 하여 밤에 문들을 닫아 놓고 비밀히 모여 있었습니다. 그때 예수께서 닫혀 있는 문을 통과하여 들어오셨습니다, 예수님은 새롭게 부활하셔서 몸의 능력을 나타내셨습니다.

부활하신 예수님이 제자들에게 하신 첫 말씀은 평강을 빌어 주신 일입니다. "너희에게 평강이 있을지어다." 예수님이 옆구리와 손에 찔리신 상처를 보이시니 제자들은 기뻐했습니다.

"아버지께서 나를 보내신 것 같이 나도 너희를 보내노라." 예수님께서는 제자들을 세상에 보내시며 성령의 선물을 주셨습니다. 새로운 복음 전도의 사명을 위해서 제자들에게 성령의 능력이 필요했습니다.

예수님께서는 제자들에게 죄의 용서를 알릴 수 있는 특권을 부여하셨습니다. 예수를 믿고 영접하면 죄 사함의 은총이 주어지는 놀라운 사실을 제자들에게 알리도록 하셨습니다.

그런데 예수님을 만난 자리에 없던 도마는 정말 예수님이 부활하셨는지 의심이 생겼습니다. 8일 후에 예수님은 도마에게 나타나셔서 도마에게 손가락을 내밀어 예수님의 상처에 손을 대어 보도록 하셨습니다. 옆구리와 손에 찔리신 상처를 확인한 도마는 그 자리에서 예수님께 "나의 주,

나의 하나님이십니다"라며 무릎을 꿇었습니다.

예수님은 나를 보고 믿는 자보다 보지 못하고 나를 믿는 사람들이 더 복되다고 하셨습니다. 눈에 보이는 표적을 의지하지 않고도 믿음의 자리에 나아오는 모든 이들을 축복하셨습니다.

요한복음을 기록한 저자인 예수의 제자 요한은 이 복음서를 기록한 목적은 예수가 하나님의 아들 그리스도이심을 믿고 그 이름을 힘입어 생명을 얻는 역사가 나타날 것임을 적고 있습니다.

◆ **부활하신 예수님은 제자들에게 오셔서 평강을 빌어 주셨으며 그 이름을 믿는 자에게 생명을 얻게 해 주시는 분이십니다.**

◆ 부활하신 예수님이 제자들에게 오셔서 가장 먼저 평강을 빌어 주셨습니다. 예수님의 관심은 오직 두려움에 떨고 있는 제자들에게 있으셨습니다. 지금도 그렇습니다. 예수님의 관심은 예수님을 영접하고 그리스도인이 된 우리들이 주님과 동행하며 평강을 누리며 씩씩하게 살아가는 것입니다. 도마에게 보지 못하고 믿는 자들이 더 복되다 하셨음은 저 같이 예수님의 부활을 보지 않고도 믿게 된 사람들을 향해 말씀하시는 것이라 생각하니 뿌듯합니다. 오늘 말씀으로 예수는 그리스도이시며 저의 모든 죄를 용서하셨고 또 예수님의 이름을 힘입어 생명을 얻게 되었음을 더욱 깊이 믿습니다. 예수님, 정말 감사하고 사랑합니다.

저희들의 죄를 사해 주시고 평강을 빌어 주신 예수님, 제자들에게 전도의 사명을 주신 것처럼 저희들에게도 예수님이 부활하신 복음을 그것을 모르는 사람들에게 전할 수 있는 믿음을 주시기를 예수님의 이름으로 기도합니다. 아멘!

IV

부활의 주님,
제자들에게 나타나시다
(요한복음 21:1-25)

일곱 제자들에게 나타나시다

• 요한복음 21:1-14

요한복음의 마지막 장에서는 자신의 스승이자 그리스도이신 예수님을 모른다고 부인하여 실족한 베드로를 어떻게 예수님께서 다시 일으켜 주셨는지 요한은 기록하고 있습니다.

부활하신 후에 세 번째로 예수님께서는 디베랴 호수(갈릴리 호수)로 제자들을 찾아오셨습니다. 베드로는 주님을 부인한 자책감과 실의를 안고 다른 여섯 명의 제자들과 함께 고기를 잡으러 갔습니다.

그날 밤 그들은 날이 새어 갈 때까지 물고기를 한 마리도 잡지 못했습니다. 그들이 바닷가에 서 계신 예수님을 알아보지 못할 때 예수께서 제자들에게 고기를 한 마리도 못 잡았느냐 물으셨습니다.

예수님께서 그물을 배 오른편으로 던지라고 제자들에게 말씀하셨습니다. 말씀대로 그물을 던졌더니 그물을 들 수 없을 정도로 많은 물고기가 잡혔습니다. 예수의 사랑하시는 제자 요한이 "주님이시다" 외치자 베드로가 제일 먼저 바다로 뛰어들어 예수님을 맞으러 갔습니다. 예수께서 생선을 가져오라고 하시자 베드로가 육지로 그물을 끌어올리니 그물 속에 153마리의 물고기가 있었습니다.

예수께서는 배고픈 제자들을 위해서 빵과 숯불로 구운 아침 생선을 아침 식사로 준비하여 놓으시고 와서 조반을 먹으라고 말씀하셨습니다. 이는 예수께서 세 번째로 제자들에게 나타나신 것입니다.

◆ 예수님은 부활하신 후에 제자들에게 나타나셔서 다시 제자들에게 힘과 능력과 용기를 북돋워 주시며 생명의 양식을 공급해 주시는 분이십니다.

◆ 세 번째로 제자들에게 나타나신 예수님은 실의에 빠져 축 처져 있는 제자들에게 육의 양식과 영의 양식을 함께 직접 공급해 주시는 참 따뜻하고 푸근한 사랑을 베풀어 주십니다. 베드로를 비롯한 제자들은 부활하신 예수님을 뵙긴 했지만 아직 자신이 없고 죄송하고 뭘 해야 할지 몰랐을 것입니다. 죄책감과 낙심과 실의에 빠진 제자들을 예수님이 다시 찾아오셔서 물고기를 가득 잡도록 하시고 제자들에게 아침 식사를 손수 준비하여 먹이시며 힘과 용기를 북돋워주십니다. 예수님은 제게도 너무너무 따뜻하고 좋으신 분이십니다. 인생을 살며 낭패를 만날 때마다 저를 찾아오셔서 힘과 용기를 불어넣어 주셨던 예수님! 제자들처럼 따뜻한 식사를 마련해 주시고 선물을 마련하셔서 격려해 주셨던 예수님! 베드로처럼, 도마처럼 예수님은 나의 구원자이시고 나의 하나님이시라고 고백해 봅니다.

기도하기

예수님, 너무나 감사합니다. 저와 서현이가 예수님의 그 뜨거운 사랑을 한시도 잊지 않고, 이 험난한 세상을 넉넉히 살아갈 수 있도록 인도하여 주실 것을 믿습니다. 예수님의 이름으로 기도합니다. 아멘!

"요한의 아들 시몬아, 네가 나를 사랑하느냐?"

• 요한복음 21:15-22

그들이 식사를 다 마쳤을 때, 예수님께서 시몬 베드로에게 말씀하셨습니다. "요한의 아들 시몬아, 네가 이 모든 사람들보다 나를 더 사랑하느냐?" 베드로가 대답했습니다. "예, 주님. 제가 주님을 사랑한다는 것을 주님께서 아십니다." 예수님께서 말씀하셨습니다. "내 양을 먹여라." 다시 예수님께서 베드로에게 말씀하셨습니다. "요한의 아들 시몬아, 네가 나를 사랑하느냐?" 베드로가 대답했습니다. "예, 주님. 제가 주님을 사랑하는 줄을 주님께서 아십니다." 예수님께서 말씀하셨습니다. "내 양을 돌보아라." 세 번째로 예수님께서 베드로에게 말씀하셨습니다. "요한의 아들 시몬아, 네가 나를 사랑하느냐?" 예수님께서 자기에게 세 번씩이나 "네가 나를 사랑하느냐?"고 물으셨기 때문에 베드로는 거의 울상이 되었습니다. 그리고는 예수님께 대답했습니다. "주님, 주님께서는 모든 것을 아십니다. 제가 주님을 사랑하는 것도 주님께서는 알고 계십니다." 예수님께서 베드로에게 말씀하셨습니다. "내 양을 먹여라. 내가 너에게 진리를 말한다. 네가 젊었을 때는 네 혼자 힘으로 옷도 입고 네가 원하는 곳으로 갔지만, 나이가 들게 되면 네가 팔을 벌리겠고 다른 사람이 네게 옷을 입힐 것이며, 다른 사람이 네가 원하지 않는 곳으로 너를 데려갈 것이다." 예수님께서 이렇게 말씀하신 것은 베드로가 어떤 죽음으로 하나님께 영광을 돌리게 될지를 보여 주시려는 것이었습니다. 이 말씀을 하시고, 예수님께서는 베드로에게 "나를 따르라!"고 말씀하셨습니다. 베드로가 뒤돌아보니, 예수님께서 사랑하시던 제자가 따라오고 있었습니다. 이 사람은 만찬에서 예수님께 몸을 기댄 채 "주님, 주님을 배반할 사람이 누구입니까?"라고 묻던 제자였습니다. 베드로가 그 제자를 보고는 예수님께 여쭈었습니다. "주님, 이 사람은 어떻게 되겠습니까?" 예수님께서 대답하셨습니다. "내가 다시 올 때까지 그가 살아 있기를 원한다고 해도, 그것이 너와 무슨 상관이냐? 너는 나를 따르라!"(요한복음 21장 15-22절, 쉬운성경)

일찍이 예수님이 잡혀가시던 날, 불 곁에서 나는 그를 모른다고 세 번이나 부인하였던 베드로는 다시 다른 불 곁에서 원래의 자리로 돌아오게 되었습니다.

예수님께서는 그를 처음 만났을 때와 같이 베드로를 "요한의 아들 시몬아!"라고 불러 주셨습니다. 그리고 물으셨습니다. "네가 이 사람들보다 나를 사랑하느냐?" "이 사람들"을 질문 속에 포함시키신 것은 다른 제자들이 어떠하든지 자신은 예수님을 따르겠다고 자부하던 베드로의 자신감을 의식하셨기 때문이었을 것입니다.

예수님께서 베드로에게 세 번이나 양들을 돌보라고 부탁하셨습니다. "내 양을 먹이라, 내 양을 돌보라, 내 양을 먹이라." 예수님의 세 차례에 걸친 질문과 사도적 사명의 부여는 베드로가 예수님을 세 번 부인하였던 것과 직접적인 대조를 이루고 있습니다.

그때 베드로는 자신은 예수님을 모른다고 세 번이나 말하였습니다. 이

제 그는 세 번 예수님을 사랑한다고 고백하였습니다. 아무리 위대한 사람이라도 실족할 가능성은 항상 있습니다. 그러나 하나님의 은혜와 용서가 그로부터 돌아서 회개하는 자들을 회복시켜 줄 것입니다. 그러한 은혜가 우리 모두를 위해 예비되어 있습니다.

예수께서는 장차 베드로가 하나님의 영광을 위해 걷게 될 삶을 예언하시며 "나를 따르라"고 명령하셨습니다. 그리고 예수님은 제자들에게 내가 다시 올 것이라고 약속하셨습니다. 그러나 그 시기에 대해서는 말씀하지 않으셨습니다.

이제 요한복음을 기록한 요한이 복음서의 저자임을 밝히며 예수께서 행하신 일은 너무너무 많아서 이 세상이라도 기록된 책을 두기에 부족함을 밝히고 요한복음의 끝을 맺습니다.

◆ **예수님은 우리의 죄를 구속하시기 위해서 십자가에 달려 죽으시고, 사흘 만에 부활하셔서 제자들에게 사명을 부여하신 후에 하늘로 오르셨습니다.**

◆ 예수님을 모른다고 부인하고 나서 낙심하고 죄송한 마음에 처져 있는 베드로에게 예수님께서 다시 새롭게 생명의 활기를 불어넣으시는 감동의 장면은 예수님은 정말 사랑과 용서의 하나님이시며 생명을 불어넣으시는 분이심을 깨닫게 합니다. 두려움과 공포로 예수님을 부인하기는 했지만 베드로가 얼마나 예수님을 사랑하는지 알고 계셨습니다. 그래서 예수님을 모른다고 세 번 부인한 만큼 베드로가 세 번을 예수님을 사랑한다고 고백하도록 세 번이나 물으신 것입니

　삶으로 쓰는 요한복음 이야기

다. 그리고 세 번의 사명을 부여하십니다. 내 양을 먹이라고 베드로를 예수님을 전하는 전도자로 새롭게 세우신 것입니다. 이제 베드로는 새롭게 제2의 인생을 살게 되었습니다. 나중에 예수님을 증거하다가 순교하기까지 베드로는 예수님의 가장 뛰어난 제자로 찬란한 인생을 살게 되었습니다. 자신이 유명해지기 위해서가 아니라 오직 예수님의 양들을 먹이는 사명을 다하기 위해서 살았습니다. 예수님은 오늘 제게도 "나를 따르라" 말씀하십니다. 주님의 명령에 충성을 다해 순종하기로 다짐합니다.

기도하기

예수님, 그동안 저의 사랑하는 제자 서현이와 요한복음 말씀 묵상을 함께 나눌 수 있게 해 주신 은혜를 진심으로 감사드립니다. 앞으로도 서현이와 말씀묵상이 계속될 수 있기를 예수님의 이름으로 간절히 기도합니다. 아멘!

삶으로 쓰는
요한복음 이야기

ⓒ 양금선, 2024

초판 1쇄 발행 2024년 10월 4일

지은이   양금선
펴낸이   이기봉
편집   좋은땅 편집팀
펴낸곳   도서출판 좋은땅
주소   서울특별시 마포구 양화로12길 26 지월드빌딩 (서교동 395-7)
전화   02)374-8616~7
팩스   02)374-8614
이메일   gworldbook@naver.com
홈페이지   www.g-world.co.kr

ISBN   979-11-388-3580-0 (03230)